주식쟁이 아가서

정상조 시인의 주식과 신앙 이야기
주식쟁이 아가雅歌서

2025ⓒ정상조

열린출판사

■ 저자 서문

삼층천三層天을 영적으로 보고

"여호와의 말씀에 시온의 딸아 노래하고 기뻐하라 이는 내가 와서 네 가운데에 머물 것임이라"
(스가랴 2:10)

나는 40여 년 주식과 신앙의 울타리에서 살아왔다. 하나님을 사랑하는 사람이 주식투자로 돈 번다는 말은 처음 들었을 것인데 주식투자에 감정을 몰입하는 것은 곤란하다. 흔히 주식은 근심에서 불안으로, 불안에서 두려움이 될 때 감정에 의한 오판에서 손실이 반복된다고 한다. 하지만 주식투자로 큰 고난의 길을 만나더라도 하나님 사랑의 기쁨으로 주식을 바라보면 객관적 판단이 살아난다. 즉 지혜와 평강이 나타난다.

2019년 2월 24일 하나님은 나에게 3층 천天을 영적으로 보여주셨다. 고난 중에 기도할 때에 나의 영적인 눈을 열게 하셔서 3층으로 나누어진 하늘天을 보게 해 주신 것이다.

  1층 2층 3층이 원으로 감싸진 나라, 1층은 목적이 지배하는 세상이다. 예수님을 믿는 사람도 우상에 매여서 살게 되면 1층 하늘에서 사는 사람이 된다.

  2층 하늘은 선교적 관점에서 복음이 증거되어 생명이 살아나는 기쁨이 충만한 곳, 복음적인 삶이 있다.

  3층 하늘은 성령으로 충만한 하나님의 나라다. 2층 하늘 밖 3층 하늘은 무한대의 나라다. 그리고 주님이 나에게 말씀하신다 "네가 사는 1층 하늘의 삶을 보아라 주식 투자가 나쁜 것이 아니라 돈에 집착하면 돈이 우상이 되는 것이라. 무엇이든 하나님보다 높아질 때 1층 하늘에서 다툼으로 사는 것이란다."

  하나님을 믿는다는 것은 내 환경과 상황이 어떠하던지 항상 노래하고 기뻐하는 신부가 되는 것이다. 사랑과 믿음으로 함께 할 때 진정한 신부가 되는 것이다. 주식투자를 하든 다른 분야의 경제적 활동을 하든 이것은 마찬가지로 적용되어야 할 믿음의 자세라고 하겠다.

  이 책은 주식쟁이로서 나의 믿음의 방황과 은혜를 있는 그대로 고백한 것임을 서두에 밝혀두고자 한다.

2025년 여름에
주식쟁이 신앙인 정상조

■ 목차

저자 서문 - 삼층천三層天을 영적으로 보고 · 4

제1부 - 주식쟁이 아가서 I

솔로몬의 아가雅歌라 · 11
나는 전쟁을 하는 장수 · 14
목사님 사무실에서 · 16
자유의지와 소망의 끝 · 19
승리 의식 · 21
마음의 바람을 피우지 말아라 · 23
천국에 대하여 · 26
금융위기 전前의 기도 응답 · 28
종목 투자 일기 · 31
두려움을 떨치고 노래하라 · 33
하나님이 인간을 창조하실 때 · 35
자본주의 덫과 우연의 축복 · 37
이익 실현과 기도 응답의 초심 · 41
법궤法櫃 · 43
종목 투자 간증 1 · 45
좌절과 손절 간증 · 48
종목 투자 간증 2 · 50

제2부 - 주식쟁이 아가서Ⅱ

왜 나는 바보 같을까 · 56
4구간 기법 창안 · 60
빚으로 투자했던 간증 · 62
새벽 꿈의 간증과 중국 병법 · 67
사랑과 낙관주의에 대한 반응 · 72
전업 투자의 여정 · 75
하나님의 눈동자 같은 사랑 · 79
쌍태의 잉태와 눈동자 같은 사랑 · 81
신용 몰빵으로 매수했는데 · 82
하나님 나라의 깡통 인생 · 84
하나님이 '함께 유숙하자' 시네 · 86
잔칫상을 진설하는 인생 · 89
나를 망치게 했던 것들 · 90
의식의 혁명과 몸의 생각 · 93
왕권의 상징 · 96
성벽과 망대 · 98
바알하몬 포도원 · 101
복 있는 사람 · 104

제3부 - 기법을 창안하는 여정

M을 만나다 · 108
적정주가를 만들다 · 110
차트와 수급을 알다 · 114
차트가 바닥을 쳐불었어야 · 119
기업 분석과 독자생존 기업 · 122
돈보다 사랑이 먼저다 · 125
화학공장 귀뚜라미 · 127
역배열 차트에서 매수 · 129
주식투자도 예술의 일종 · 131

제4부 - 주식 기법 탐구

을매적정주가론 · 136
6파론의 차트 기법 · 137
4구간 기법 · 142
손자병법의 풍림화산風林火山 · 149

맺는 말 · 156

제1부
주식쟁이 아가서 I

솔로몬의 아가雅歌라

솔로몬의 아가라! (아가서1:1)

아가서는 솔로몬 왕의 이름으로 시작되지만, 문자 그대로의 연애 이야기 이상으로 이스라엘 전통의 결혼 언약과 예배 언어, 고대 근동의 사랑 노래 장르를 배경으로 하고 있다.

그런데 아가서가 출애굽 해서 광야에서 대이동하는 이스라엘 진영과 무슨 관계가 있을까?

"골짜기마다 돋우어지며 산마다, 언덕마다 낮아지며 고르지 아니한 곳이 평탄하게 되며 험한 곳이 평지가 될 것이요" (이사야 40:4)

"몰약과 유향과 상인의 여러 가지 향품으로 향내 풍기며 연기 기둥처럼 거친 들에서 오는 자가 누구인가" (아가 3:6)

이스라엘의 진영이 이동할 때 성막과 지파가 배치되어서 진으로 이동한다.

출애굽한 이스라엘 장정(성인 남자)만 약 60만이었고 여성과 미성년자를 더하면 150만 명은 이동했을 것이다.

높은 산과 골짜기가 있으면 150만 명이 이동할 수가 없었을 것이다. 이스라엘 민족이 이동할 때 하나님이 골짜기와 산과 언덕을 평지로 만들어 주셨기에 가능한 것이었다. 광야는 낮에는 매우 덥고 밤에는 매우 추워서 낮에는 구름기둥으로 해를 가려주고 밤에는 불기둥으로 데워 주었다. 구름기둥과 불기둥은 바닥과 하늘에 동시에 있었다

광야를 대규모 인구가 이동할 때 큰 어려움 중에 "전갈과 뱀과 가시떨기나무"가 당시 광야에는 상당히 많았다.

구름기둥과 불기둥이 이스라엘 진영보다 앞서 나가면서 "전갈과 뱀과 가시떨기나무"를 태움으로 연기 기둥이 피어올랐고 그 타는 냄새는 "몰약과 유향과 상인의 여러 가지 향품으로 향내 풍기며" 향기로웠던 것이다. (외경: 하가다 3권 3장 내용 중)

내가 나아갈 때에 하나님은 골짜기마다 돋우어지며 산마다, 언덕마다 낮아지며 고르지 아니한 곳이 평탄하게 되며 험한 곳이 평지가 되게 하신다.

내가 거친 들판을 지날지라도 몰약과 유향과 상인의 여러 가지 향품으로 향내 풍기며 연기 기둥처럼 거친 들을 지나갈 것이다. 나의 광야의 결국은 하나님이 나를 하나님 나라로 인도하는 길이며 사랑의 과정이자 사랑의 노래가 되는 것이다.

나는 전쟁을 하는 장수

"내게 입 맞추기를 원하니 네 사랑이 포도주보다 나음 이로구나" (아가서 1:2)

예수님 십자가에, 부활에, 다시 오심에 입 맞추기를 원하니 예수님의 사랑이 노래하고 기뻐하는 것보다 나음이로다. 포도송이가 짓이겨져서 오래 묵히면 묵힐수록 맛과 빛깔과 향취가 좋고 술이 되어 취하게 된다. 예수님 십자가 사랑을 오래 묵힐수록 그 사랑에 취하게 되고 그 감정 속에 빛깔과 향취가 묻어나게 되는 것이다.

나는 전쟁을 하는 장수다

전쟁하는 장수는
늘 목숨을 걸고 싸운다.
승리보다 목숨이 중요하지만
늘 승리에 목숨을 건다.
탐욕이라고 해도

돈이 일 만 악의 뿌리라고 해도
칠 할은 패배할 것을 예견한다 해도
활을 떠날 활을 거두어들일 수 없듯이
물론 목숨이 더 중요하고
또 건강도 중요하겠지
다들 볼 때 어리석다 말하겠지만
나는 평생 주식투자를 할 때
하나님의 전쟁을 했다고 생각한다.
이번에 실패해서 목숨을 잃는다 해도
나는 하나님의 전쟁을 하다
개죽음을 당할지라도
활을 떠난 화살을 거두어들일 수가 없다.
하나님 나라가 중요하고
물질보다 목숨이 중요하고
하지만 승리가 모든 것을
초월할 수도 있다는 생각을 해본다.
어리석어도 할 수 없는
나의 믿음이고
나만의 하나님 나라를 위한 전쟁이다.
(2018년 11월 3일)

내 삶은 주식투자에 입을 맞추면서 이것을 달란트로 땅끝까지 예수님 사랑을 전하며 선포하는 일을 하고자 하는 것이다.

목사님 사무실에서

"네 기름이 향기로워 아름답고 네 이름이 쏟은 향기름 같으므로 처녀들이 너를 사랑하는구나" (아가서 1:3)

2002년경 믿어지지 않겠지만 그때는 하루 평균 한 시간 반 정도 잠을 잤을까? 주식분석에 빠지다 보면 잠을 잘 수가 없었고 숱한 날들을 밤을 꼬박 새우면서 종목 분석에 매달렸다.

또 교회이다 보니 새벽 5시가 되면 새벽 기도를 시작하는데 목사님 사무실이 제 사무실이기도 한데 불이 훤히 켜진 상태에서 안 나갈 수도 없고 아직 분석을 다 하지 못했는데 새벽 기도를 가려고 하면 막 짜증이 났다.

5시가 되면 저절로 새벽 기도를 나갈 수밖에 없기 때문에 간밤에 분석한 종목 중에 약 10종목을 간추려서 아주 단순한 기도만을 반복했다.

"하나님 아버지 10종목 중에 좋은 종목은 환하게 보

여주시고 나쁜 종목은 시커멓게 보여주십시오. 저는 미련하여 복잡하면 헷갈리오니 그냥 단순하게 보여주세요."

맨날 이런 기도만 반복했었다. 느낌인지 응답인지 환하게 보이는 느낌이 든 3종목 정도를 골라서 주식을 매수하면 그때는 왜 그렇게 주식이 상한가로 잘 갔는지 정말 매수만 하면 상한가 갔던 날이 많았다.

"하나님이여 어찌 나를 버리셨나이까" (시편 22:1)
"여호와는 나의 목자시니 내게 부족함이 없으리로다" (시편 23:1)
"문들아 너희 머리를 들지어다 영원한 문들아 들릴지어다 영광의 왕이 들어가시리로다" (시편 24:7)

현실적 존재에서는 하나님으로부터 버림받은 존재 같아서 시편 22편 1절 말씀으로 기도할 때가 허다하지만 그렇다고 하나님이 나의 목자가 되어 부족함이 채워지는가?

인간은 근본적으로 부족한 존재이기 때문에 그것을 채우는 동력으로 살아가는 것이다. 하지만 나를 돌아보면 살아있다는 자체가 시편 23:1 말씀으로 살아왔던 것을 알 수 있다

예수를 믿음으로 기도할 때는 왕 같은 제사장의 정체

성을 가져야 하고 그 기도가 지성소로 들어갈 때 성소의 문이 들리고 영원히 들려서 예수 그리스도의 영광에 이르는 권세가 있음을 알아야 한다.

　인간의 삶은 고난이라고 하는 배 위에 있다 고통으로부터 견고한 감정 위에 감사를 얹고 기쁨을 얹고 사랑을 싣고 살아가는 것이다.

자유의지와 소망의 끝

"예루살렘 딸들아 내가 비록 검으나 아름다우니 게달의 장막 같을지라도 솔로몬의 휘장과도 같구나" (아가서 1:5)

주가 급락으로 더 이상 손 쓸 틈도 없이 주님의 기적이 아니면 어떻게 해야 할지 길이 없을 때 주님의 은혜를 구하고, 나의 욕심인지 고집을 회개한다. 다윗처럼 싸우면 될 줄 알았는데. 숨 쉴 수 없는 마음으로, 염치도 없는 마음으로 기도하면서 간절한 소망의 끝에서 오늘을 산다. (2018년 10월 10일)

자유의지

하나님이 인간을 창조할 때 자유의지를 주셨다. 하나님은 애초에 인간의 자유의지는 터치하지 않는다. 주식 매매를 할 때 하나님의 뜻을 살피는 것은 좋으나, 기도 매매 뭐 이러면 안 되고 자유의지로 결단해야 한다.

하나님을 섬기는 자에게는 지혜로 축복하시고, 우상을 섬기면 우둔함으로 눈을 가리시기에 돈에 집착하게 되면 현실의 실체가 안 보이게 되어 스스로 무너지게 되어있다. 자유의지를 바로 알아야 삶의 질서가 생긴다.

자유의지는 기도와 인내에 앞서서 하는 결정과 결단이다. 결정과 결단을 통해서 인내도 하는 것이 주식투자다. 대부분 결정하고 결단하지 못해 실패를 키운다.

주식투자를 통해서 돈을 잃었을 때를 생각해보면 돈에 대한 과도한 집착이 있었고, 지금 당장 뭐라도 해야 할 것 같아 다시 오판하게 되는 것이다.

두려움이 몰려올 때 아무것도 하지 말고 그 시간을 견디어야 한다. 두려움은 현상이지 현실은 아니기에 최대한 행동을 멈추고 결단을 결정해야 한다

나의 현재가 자유의지로 인한 결정과 결단을 동반할 때 사람은 지혜로워지고, 그렇지 않고 기도 매매를 하게 되면 기도가 현실 직면에 대한 회피가 되어, 기도하는 시간이 지혜는 닫히고 감정에 매달리게 되는 것으로 게달의 장막같이 검은 어둠의 시간이 되는 것이다.

자유의지를 통한 결정과 결단이 솔로몬의 휘장과 같은 지혜가 발휘되는 것이다. 주식시장에서 결정과 결단이 잘못되어도 후회가 없는 것은 투자할 종목은 많고 늘 새롭게 출발할 수 있는 기회가 항상 있기 때문이다.

승리 의식

"여인 중에 어여쁜 자야 네가 알지 못하겠거든 양 떼의 발자취를 따라 목자들의 장막 곁에서 너의 염소 새끼를 먹일지니라" (아가 1:8)

인생의 소망은 평온으로부터 시작해야 한다.
"욕심이 잉태한즉 죄를 낳고 죄가 장성한즉 사망을 낳느니라" (야고보서 1:15)
 욕심은 불안감을 증폭시킨다. 주식시장에 있으면 돈의 많고 적음에 있지 않고 적은 돈이 큰돈이 되고 큰돈이 순식간에 적은 돈이 되는 시장이다.
 주식시장에서 아주 중요한 것은 평온한 심리다. 한 걸음 한 걸음 수익을 늘려가는 것이고 어떤 종목에서 큰 시세를 한번 먹어봐야 그 경험으로 그것을 반복하는 승리 의식의 시장이다.
 주식시장은 내가 아무리 뛰어난 투자가라도 내가 알 수 없는 것이 너무 많은 시장이라서 무엇인가 새로운 방식을 시도할 때는 그만큼 실패할 확률이 높다. 그래서 수익을 냈던 방식을 반복하면서 시장에 대한 지식과 분석의 저변을 넓혀가는 것이다.

  삶을 사랑으로 보면 다 반짝거리는데, 삶을 근심으로 보면 두려움이 나를 잡아 먹어버린다.

  대부분 일어나지 않는 것에 대해서 미리 끌고 와 근심하기에 시간이 지나고 보면 아무런 일도 일어나지 않는 것이 대부분이다.

  그래서 주식투자는 승리 의식을 반복하고, 두려울 때는 손실이 나더라도 행동을 멈추는 것이 중요하다. 내 마음을 항상 기쁨으로 유지해야 수익도 따라온다.

  여인 중에 어여쁜 자인 신부인 나에게 신랑의 발자취 즉 승리 의식의 발자취를 따라 신랑의 장막 곁에서 염소 새끼를 먹이라고 한다. 승리 의식의 장막 곁에서 주식투자를 해야 한다는 것이다.

마음의 바람을 피우지 말아라

"내 사랑아 내가 너를 바로의 병거의 준마에 비하였구나" (아가 1:9)

좋은 스승을 두면 흥하나 스승을 많이 두면 망한다. 주식투자는 앞만 보고 가는 길이다. 많은 묘수를 생각하고 많은 조언을 듣다 보면 최악을 선택하는 경우가 허다하다. 주변을 많이 돌아본다는 것은 불안함 때문이고, 주식투자의 최대의 적은 불안한 심리다.

마음의 바람을 피우지 말아라

현재 투자하고 있는 종목에 집중하고 다른 종목에 마음을 주지 말아야 한다. 급등 종목을 바라보면서 애가 타게 되면 가장 중요한 기다림의 미학을 잃고 마는 것이어서 좋은 종목을 발굴했다 하더라도 조급함 때문에 수익을 낼 수가 없게 된다.

전쟁에서 바로의 병거의 준마는 두려움 없이 목숨의

위협과 상관없이 적진을 향해 돌진할 용기가 있어야 하지 않을까? 주식투자는 앞만 보고 돌진해가는 길이라도 항상 지혜로 새롭게 깨어서 직진해 가는 길이다

손자병법 - 기세(氣勢)에 구하고 사람에게 구하지 말라

"전쟁을 잘하는 장수는 태세(態勢)에 구하고 사람에게 구하지 않는다. 그래서 능히 사람을 가려서 태세를 맡기는 것이다."

종목을 선정할 때 수급에 의해서 수익을 얻을 수 있는 종목을 선택하는 것이 보편적일 것이다. 이런 경우 주식투자에는 변수가 존재한다. 즉 예상했던 수급이 없으면 어떻게 할 것인가?

전쟁을 잘하는 장수는 태세에 구한다는 것은 시간이 가면 저절로 수익을 낼 만한 종목에서 선택하고 투자자(외국인, 기관 등)의 수급에 의한 수익을 구하지 않는다는 것이다

지혜, 통찰력, 이해력

"지혜, 통찰력, 이해력으로 하나님은 세상을 창조하셨고 베살렐은 성막을 지었고, 미래에는 성전도 지을 것이다." (외경 하가다 3권 3장 중)

종목을 분석할 때 나는 일단 차트를 본다. 나는 습관적으로 역배열 차트에서 종목을 찾는다. 이럴 경우 모든 정보를 통합하고 판단하는 뛰어난 지혜가 요구된다. 분석할 때는 재무제표를 통한 기본적 분석과 기업의 기술력, 진입장벽, 성장성에 대한 통찰력이 요구된다. 가끔 기업을 분석하다 의문이 생기면 기업을 직접 탐방해서 이해력을 높인다. 특히 기업 CEO에 대한 면밀한 분석이 요구되는 것이다.

천국에 대하여

"우리가 너를 위하여 금 사슬에 은을 박아 만들리라" (아가 1:11)

오늘은 새벽에 잠깐 꿈을 꾸는데 나에게 천국을 보여준다고 누군가가 나를 데려가는데 천국을 가보니 생각과는 정반대로 가난한 사람들이 살아가는 것이었다.

그래서 왜 이런 곳이 천국일까? 하고 물어보았더니 너의 마음에 사랑이 보이느냐? 그 사랑을 여기 있는 모두가 보고 있단다. 저들의 마음에서 사랑이 보이느냐? 저들의 마음에서 사랑을 네가 볼 수 있을 때 그것이 천국이란다. 하는 것이었다.

천국은 서로의 마음속에 간직된 사랑이 밖으로 노출되어서 비추듯이 볼 수 있는 곳이었다. 거짓이 없는 곳에서 사랑과 찬양 기쁨 뭐 이런 것들이 가득한 마음을 보고 확인할 수 있으니 그곳이 천국이었던 것이다

(2009년 3월 10일)

금 사슬에 은을 박아 신부의 예물을 만드는 것이다. 하필 금 사슬에 다이아몬드를 박지 왜 은을 박을까? 예수님도 하나님 아들로서 이 땅에 오셔서 십자가에 못 박히고 부활하심의 의미 아닐까?

"내가 그리스도와 함께 십자가에 못 박혔나니 그런즉 이제는 내가 산 것이 아니요 오직 내 안에 그리스도께서 사시는 것이라" (갈라디아서 2:20)

신부의 삶은 날마다 금 사슬에 십자가를 못 박고 사랑으로 부활하여 새기어 비추면서 살아가는 길이다. 금 사슬이 돈이라면 욕심에 못을 박고, 사랑으로 삶을 비추면서 투자해야 한다.

금융위기 전前의 기도 응답

"예루살렘 딸들아 내가 노루와 들사슴을 두고 너희에게 부탁한다. 내 사랑이 원하기 전에는 흔들지 말고 깨우지 말지니라" (아가 2:7)

금융위기 전(前) 기도의 응답

2008년 8월 12일 서울에서 예배를 참여하여 기도하는데 갑자기 "위기가 있으리라" 하는 음성 같기도 한 묘한 응답이 있어서 내가 "왜 위기가 있는데요?" 하고 물었더니 "세상에 심한 고난이 있으리라" 하는 것이었다.

그 응답을 듣고 서울에서 인천 집까지 운전하고 오면서 계속 자문자답하였다.

"위기가 있어?" "나에게 위기가 있다는 소리인데!"

"위기가 있어?" "나에게 위기가 있다면 주식투자에 위기가 있다는 소리인데!"

다음날부터 내 판단과 무관하게 손가락이 공격적으로

매도를 하는 것이었다.

　3일 동안 80%를 매도하고 20%는 혹시 하나님이 나에게 거짓말해서 주가가 급등하면 어쩌나 싶어서 보유를 결정하였다.

　그리고 다음 날 리먼브러더스 파산 사태가 터졌고 주가는 수직으로 급락하여 1차 1/2로 급락한 저점에서 20%를 추가 매수하였는데 그다음 날 이유 없이 상한가로 상승하였을 때 전량 매도하였다. 그 이후 1/5 토막까지 급락하였으니 참으로 묘하게 위기를 벗어날 수 있었다.

매물 공백 차트에서 매수하라

　주가가 바닥을 찾는 과정에서 매매 공방을 벌이는 투자 주체들은 서로가 극단적인 심리로 양분되어 매매하게 된다. 지지선이 이탈한 관계로 과감하게 매도하는 투자자와 낙폭과대에 따른 저가 매수를 노리는 투자자로 양분되는 것이다.

　그러한 최저점에서 공방이 진행된 이후 어느 시점에 도달하게 되면 일순간 매도와 매수가 공백이 되는 시점이 발생한다. 그때를 기다렸다가 과감하게 매수하는 것이 좋다.

매수가 끝났을 경우 자신을 감추라

분할 매수니 분할 매도니 해서 자꾸만 매매에 가담하게 되면 세력에게 빤히 노출되게 되고 그럴 경우에는 세력은 투자자들이 지쳐서 쓰러질 때까지 불안심리를 유발하는 매매로 일관하기 때문에 주식투자가 어려워진다.

철저하게 분석하였다면 매수할 때는 과감하게 하고 그 이후에는 숨을 멈춘 듯이 보유하면서 세력의 놀이터가 될 때까지 관망해야 수익을 극대화할 수 있는 것이다.

노루와 들사슴은 작은 소리에도 민감하니까 깨우지 말라는 것은 예수님이 우리를 사랑하는 것에 그만큼 민감하다는 것이다.

주가는 쉬는 법이 없이 항상 움직인다. 주식투자를 해놓고 정작 주가 급등락에 내 심리가 반응하게 된다면 감정의 진폭이 심해져서 장기투자를 할 수 없게 된다. 심리는 민감하게 반응함으로 감정의 기복으로 깨우지 말아야 한다.

종목 투자 일기

"무화과나무에는 푸른 열매가 익었고 포도나무는 꽃을 피워 향기를 토하는구나 나의 사랑, 나의 어여쁜 자야 일어나서 함께 가자" (아가 2:13)

단기 과열권이라 판단되어 전량 이익 실현한 이야기다. 2007년 6월 29일 평균 매수단가 5,100원에 투자하여 평균 매도단가 21,000원으로 약 300%가 넘는 수익을 얻었으나, 매도 이후에도 지속 상승하여 약 2개월 이후에 43,950원까지 상승하였다.

무화과나무가 추운 겨울을 보내고 잎이 나고 열매가 열려서 익기까지 얼마나 인고의 세월이 필요한가? 포도나무가 꽃을 피워 향기를 토하기까지 얼마나 가꾸어야 하는가.

무엇이든 때가 있지 아니한가? 수확이 빨라도 안되고, 늦어도 안되고 주식투자에도 나의 사랑 나의 어여쁜 자야 일어나 함께 가자 하는 때가 있는 것이다. 그

타이밍을 놓치면 차트는 파동이 있어서 다시 많은 세월을 인고해야 한다

　오늘도 무화과가 익을 때까지 우리 함께 기뻐하며 기다리자고 하는데 덜 익은 무화과를 딴다면 얼마나 어리석은 일이겠는가?

　덜 익은 무화과를 땄다고 생각하면 주식투자를 일단 멈추어야 한다. 왜냐하면 실력이 없다는 것이라서 다음 투자에서 큰 손실을 볼 수 있기 때문이다. 항상 복기를 통해서 실패에 대한 반복을 끊어내야 한다

두려움을 떨치고 노래하라

"바위틈 낭떠러지 은밀한 곳에 있는 나의 비둘기야 내가 네 얼굴을 보게 하라 네 소리를 듣게 하라 네 소리는 부드럽고 네 얼굴은 아름답구나" (아가 2:14)

나의 신랑이신 예수님이 왜 하필 바위틈 낭떠러지 은밀한 것에서 나오라고 할까? 주식투자를 하는 순간부터 불안감을 머리에 이고 사는 것이라서, 보유하는 순간부터 주가가 급락할 것만 같은 나의 내면의 거짓과 결탁해서 두려움에 사로잡혀 바위틈 낭떠러지 은밀한 곳에 숨어있게 된다.

그런 나를 향하여 두려움을 떨쳐버리고 네 얼굴은 아름답고 네 노래는 부드러우니 네 얼굴을 보게 하라 하신다.

이스라엘 민족이 애굽에서 가나안을 가기 위해 홍해를 건너 40년을 광야에서 유리방황할 때 이스라엘 백성들은 하나님을 원망하고 불평하고 비방하였지만,

"그가 나를 인도하여 잔칫집에 들어갔으니 그 사랑은 내 위에 깃발이로구나" (아가 2:4)

하나님은 신부를 잔칫집으로 인도하는 신랑의 깃발이었던 것이다.

하나님이 인간을 창조하실 때

"우리를 위하여 여우 곧 포도원을 허는 작은 여우를 잡으라 우리의 포도원에 꽃이 피었음이" (아가 2:15)

2008년 6월 20일 나는 3일간 금식에 들어갔다. 금요일 첫날 하루를 금식하고 금요 심야기도 예배를 참석하여 찬양하고 기도하는데 제가 기도하는 중에 음성이 들리는데 "너는 기드온의 300용사라, 너를 승리케 하리라" 말씀하시는 것이었다.

"하나님이 인간을 창조하실 때 천사와 짐승의 중간 형태로 창조하셔서, 천사와 비슷한 4가지는 말의 힘, 분별력 있는 지성, 똑바로 걷는 걸음걸이, 눈빛! 짐승과 비슷한 4가지는 먹고 마시고, 노폐물을 분비하고, 종족을 번식하고, 죽는 것, 죄가 없으면 천사처럼 영원히 살게 하셨고, 죄가 있으면 짐승처럼 죽게 하였다" (외경 하가다 1권 2장 중)

주식투자에 있어서 포도원을 허는 작은 여우는 자신

의 정체성 아니까 싶다. 주가가 하락하면 자존감이 낮아져서 짐승처럼 되고, 주가가 상승하면 자존감이 높아져서 천사처럼 되고, 하나님이 나에게 "너는 기드온의 300용사라" "너를 승리케 하리라" 음성으로 말씀하시는데 주식이 하락한다고 두려울 것이 있겠는가? 정체성의 차이가 승리의 차이를 만든다.

자본주의 덫과 우연의 축복

"내가 밤에 침상에서 마음으로 사랑하는 자를 찾았노라 찾아도 찾아내지 못하였노라" (아가 3:1)

자본주의 덫

거미줄에 걸려서 발버둥 치는
나는 죽음의 밥이 되고 있다.

이미 많은 것을 잃었지만
일단 주님의 뜻에 순종하고
믿음으로 다시 일어서길 바랄 뿐이다

심장의 통증으로 응급약을 먹었다.
이미 수습할 타이밍을 놓쳤고
엉망진창인 상황을 어찌합니까?

자본주의 덫을 모르고 까불다가

순식간에 파멸당할 위기에서
구원은 숨은그림찾기처럼 어렵다
나에게는 잠도 밥도 별로 의미가 없다
이 밤에 혼자 찬양한다.

(2019년 4월 10일)

인생은 누구에게나 밤 같은 시간이 찾아온다.

구원이 없이 지속되면서 무너지기도 하고 이럴 때 나는 현재를 살려고 노력했다.

과거를 생각하면 지금이 원망스러우니 과거의 화려함을 지우고 현재의 사실을 인정하는 것이다. 미래의 꿈이라는 것이 사실 어찌 보면 욕심이라서 욕심이 삶의 동력으로 작용하기도 하지만 한편으로 욕심은 오판을 만들기도 하기에 미래도 꿈꾸지 말고 현재에 집중하였다.

우연의 축복

위기가 닥칠 때는 하나님이 동행한다고 해도 내 상식과는 다른 동행이어서 위로가 되지 않는다

이럴 때 나는 우연偶然에 투자를 했다. 하나님의 축복은 늘 우연처럼 오기 때문에 종목을 분석하고 남들이 볼 때 별 가능성이 없어도 내 확신이 들면 나는 우연에 투자를 하였다.

어쩌면 우연은 우연일 뿐이고, 우연이 필연이 되기는 어렵지만 나는 우연히 돈을 벌었다.

그 우연은 하나님의 축복 이외는 표현할 길이 없다. 왜냐하면 내가 돈을 벌었던 종목을 지금 볼 때 주가가 처참하게 하락한 종목들이 많다.

주식시장은 그만큼 정확하게 분석하기가 어려운 시장이다 그래서 정말 좋은 종목에 투자하고 장기투자를 하는 것이 길이다. 이 모든 것이 항상 우연 같아 보이는 시장이 주식시장이다.

구원이 없을 것 같은 긴 밤, 찾아도 찾을 길이 없었던 긴 밤, 육체적 질병이 함께 찾아온 긴 밤, 그것을 극복하는 것은 현재에 집중하고 우연에 투자하는 것이었다

비교하지 말라

주식투자든 인생이든 비교하면 망한다. 자식을 망치고 싶으면 형제든 친구와 비교하면 망치는 것이다. 주식을 망치고 싶으면 내 종목과 다른 종목을 비교하면 결국 단타가 되고 매매하는 대부분 종목에서 손해를 보게 된다.

보유한 종목을 다른 종목과 비교하면 안되고, 분석에 대한 믿음이 있으면 보유하는 것이다. 종목 선택을 어떻게 하느냐에 따라 미래 수익이 극명하게 갈리기 때문

에 주식투자는 선택과 집중이고 선택은 운명에 가깝다.

나는 딱 한 종목만 투자하고 보통 1년 정도는 장기 보유하는데 매수 후에 1년이 넘게 떨어진 종목이 연속해서 5번 정도 되었다. 즉 죽음과 같은 세월이 헛되지 않고, 그것을 통과하고 나면 대부분 투자하는 종목에서 수익이 났던 것이다.

그 이유는 주식투자는 변수가 많고 기업에 대해서는 CEO까지 분석해야 하는데 어쩌면 숲속은 모르면서 숲만 분석하고 투자하기 때문에 그만큼 분석의 오류가 많다는 것이다

그래서 전능자 하나님의 인도하심 없으면 지혜가 있어서 더 크게 망할 수 있는 분야이기도 하다. 천국에서 살 것인가 지옥에서 살 것인가는 생각의 차이가 결과를 만든다.

포도원을 허는 작은 여우

주식투자에서 포도원을 허는 작은 여우는 무엇일까? 수익이 없이 손해만 보고 5년을 보낼 때 기도는 아우성이었고 절규였다. 그렇더라도 경계했던 것은 종목을 비교하지 않는 것이었다.

투자한 종목을 손절하고 손절했지만 투자한 기간에는 최상의 종목에 마음이 투자한 것이다.

이익 실현과 기도 응답의 초심

"그들을 지나치자마자 마음에 사랑하는 자를 만나서 그를 붙잡고 내 어머니 집으로, 나를 잉태한 이의 방으로 가기까지 놓지 아니하였노라" (아가 3:4)

이익 실현

2005년 4월 5일 주가가 급락한 이후 곧바로 급등을 하여 딱 쌍봉의 위치라고 할까? 그래도 그때까지는 전고점을 돌파에 대한 기대 심리 때문에 매도할 생각이 없었다.

다음날 새벽 기도를 하는데 평상시와 전혀 다르게 기도하는 동안 식은땀이 줄줄 흘러내리면서 소름이 오싹오싹 끼치면서 피부에 닭살이 돋는 것이었다.

하나님이 팔아라고 하는가 보다 싶어서 장이 열리자마자 주식을 팔아치웠다. 그동안 투자 종목 중에서 높은 수익률을 기록하였다.

기도 응답의 초심

사랑하는 자를 만나서 그를 붙잡고 내 어머니 집으로 나를 잉태한 이의 방으로 가는 것은 항상 초심을 잃지 않아야 한다는 것 아닐까?

나에게 초심은 기도하는 것이다. 기도할 때 주관적 감정을 싣고 무작정 기적을 바라는 기도가 아닌 자유의지로 결정과 결단을 하면서 부족함을 채우는 기도를 하는 것이 나의 초심이다. 하나님은 상식이 아닌 기적으로 역사하심으로 한순간도 기적에 대한 기대를 놓치지 않는 것이다.

기도 중 질문 : 제가 저 주식을 알다가도 모르겠습니다

응답 : 야 상조야, 너 그때 너 동화홀딩스 투자할 때와 비슷하지 않냐? 동화홀딩스보다 더 오를 것 같지 않냐? 이번에 너의 4구간 기법이 적용될 것이다.

(2025년 4월 9일)

법궤 法櫃

"몰약과 유향과 상인의 여러 가지 향품으로 향내 풍기며 연기 기둥처럼 거친 들에서 오는 자가 누구인가"
(아가 3:6)

이스라엘 진영이 사막을 지나는 모든 기적이 법궤를 통해서 행해졌다. 법궤를 가리는 케루빔(천사)에서 두 개의 불꽃이 나와 이스라엘 사람들의 앞에 모든 뱀과 전갈을 죽였고 사람을 다치게 할 수 있는 모든 가시나무를 태웠다. 더욱이 이 타버린 가시에서 나오는 연기는 기둥처럼 똑바로 올라가 온 세상을 향기롭게 하였다. 그래서 나라들은

"연기 기둥처럼 광야에서 나오는 이 사람은 누구인가? 몰약과 유향과 상인의 모든 향품으로 향기를 풍기고 있다" 라고 외쳤다 *"(외경 하가다 3권 3장 내용 중)*

법궤가 이동할 때 이스라엘 진영이 이동하였다. 즉 하나님의 인도함을 받아서 내가 주식투자를 할 때 나를

보고 사람들은 '향내를 풍기며 연기 기둥처럼 거친 들에서 오는 자가 누구인가' 한다는 것이다.

주식투자는 내가 하는 것 같지만 뒤돌아보면 나를 인도하는 무엇인가 있다는 것이다. 무엇인가 인도함을 따라서 주식투자한다는 생각을 해보지는 않았는가?

주식시장에서 나를 거울에 비추어 보면 나라는 존재는 내 생각, 내 고집으로 가득해서 별로 쓸모없는 존재일 때가 많다.

내가 나를 이끌고 내가 주식투자를 해서 수익을 낸다는 것은 참으로 어렵다.

하나님이 주신 지혜와 통찰력과 이해력을 바탕으로 분석해서 시장에 유연하게 대응하고 시대와 시간이 나를 성장시키는 것을 지켜볼 수밖에 없는 시장에 투자하고 있는 것이다.

종목 투자 간증 1

"볼지어다 솔로몬의 가마라 이스라엘 용사 중 육십 명이 둘러쌌는데 다 칼을 잡고 싸움에 익숙한 사람들이라 밤의 두려움으로 말미암아 각기 허리에 칼을 찼느니라"
(아가 3:7-8)

2009년 8월. 강남을 우연히 지나가다가 OO종목의 사옥을 보게 되었다. 분석한 결과 배당과 자산가치에 초점을 맞추어 매수를 시작하였다.

의약품 종목 중에 시장에서 철저하게 소외되어 매수에 대한 후회를 했지만, 매수 물량을 딱히 처분할 만한 수급이 없었다. 마치 주가가 딱 정지되어있는 듯한 모습으로 단기 반등 후 하락 압력이 심화될 때 종목에 대한 확신이 없어서 하룻밤 자고 나면 긍정적이어서 매수하고 하룻밤 자고 나면 생각이 부정적으로 바뀌어 조금만 매도하면 주가가 크게 하락하여 생각의 갈피를 못 잡고 있을 때 새벽기도를 하면서 질문을 드렸다.

기도 중 질문 : 종목은 전혀 수급이 없는데 너무 답답한데 어떻게 해야 될까요?"

주님의 주시는 응답 : 종목의 주가가 못 오르는 것은 너에게 매수 기회를 주는 것이다. 내가 너를 축복하리라 내가 너와 함께하리라!" 하는 음성을 들려주셨다.

그날 2009년 8월 19일~20일까지 매도물량을 씨가 마르도록 매수하여 유통물량이 없어서 총 72,000주를 확보했다. 바로 다음 날에 신종인플루엔자 사망자가 폐렴으로 폐열증에 의한 2차 감염으로 사망했다는 뉴스가 나오면서 폐구균 백신 유통업체인 OO종목이 테마주로 엮이면서 3연속 점상한가로 급등하여 약 60%의 수익을 달성하고 매도하였다.

"그 기둥은 은이요 바닥은 금이요 자리는 자색 깔개라 그 안에는 예루살렘 딸들의 사랑이 엮어져 있구나" (아가 3:10)

하나님이 나를 솔로몬의 가마에 신부로 태우시는데 포도원에서 일하여 게달의 장막같이 검은 나를 신부로 부르신다. 신랑 되신 예수님이 함께 하시고 칼을 찬 용사 60명이 호위를 하는데 신부인 나는 밤의 두려움으로 떨고 있다는 것이다 종목에 투자할 때 하나님이 날을 인도하셨음에도 불구하고 매수를 했다가 매도를 했다가 수많은 갈등을 반복하였었다.

지나고 보니 그것은 하나님이 나에게 보내 준 솔로몬의 가마였는데 내가 게달의 장막같이 검은 포도원지기로 살아갈 것인가 내가 하나님의 신부로 살아갈 것인가는 내 믿음의 정체성에서 비롯된다.

좌절과 손절 간증

"내 사랑 너는 어여쁘고도 어여쁘다 너울 속에 있는 네 눈이 비둘기 같고 네 머리털은 길르앗 산 기슭에 누운 염소 떼 같구나" (아가 4:1)

 건설사 분석에 있어서 PF 대출이 모든 분석에 우선하는 것을 뼛속 깊이 알았을 때는 너무나 큰 손실을 입은 상태였다.
 PF 대출 이자 비용의 부실화와 미분양에 따른 투자 위험성, 미래를 장담할 수가 없다는 판단에 결국 손절하게 되었다. 40% 손절이었으니까 어쩌면 회복하기 힘든 큰 손실이었다.
 한 가지 분명한 것은 기도할 때마다 상여가 나가는 것을 보았고 관이 쏜살같이 내리막길을 내달려가는 것을 보았다. 처음에는 대주주가 죽어 경영권 분쟁이 일어나나 생각했다가 계속 기도하면서 이 기업이 망한다는 소리구나 하고 전량 손절하였는데 정말 나중에 법정관리를 신청하는 일이 벌어졌다.

(2011년 6월 28일)

하나님이 나에게 내 사랑 너는 어여쁘고 어여쁘다 하신다.

신부의 너울 속에 있는 나의 눈이 순결한 비둘기 같다는 것이다. 비둘기는 안구 근육이 발달하지 않아서 하나님만 바라본다는 의미로 길르앗 산기슭에는 풍부한 푸른 초장은 하나님 안에서 풍성함을 나타낸다.

보통 주가가 상승할 때나 하락할 때 그 이유를 명확하게 모른다. 하나님이 아무리 나에게 내 사랑 너는 어여쁘고 어여쁘다고 해도 나의 주가 상승에만 초점이 맞춰져 있기 때문에 하나님과 나는 사랑의 관점이 서로 달라서 하나님이 나에게 응답해 주어도 내가 깨닫지를 못한다는 것이다.

하나님은 그래서 나에게 비둘기처럼 순결한 눈으로 나만 바라보라고 한다. 너의 목적이 아닌 하나님의 사랑 안에서 푸른 초장의 풍성함을 누리라고 한다.

기도할 때마다 환상 중에 상여가 나가고 관이 쏜살같이 내리막길을 내달려가는 것을 보고, 대주주가 죽어서 경영권 분쟁이 일어날까? 생각하는 내 내면이 얼마나 악하면 그런 이기적인 해석을 하였겠는가?

주식투자에서 손절이 축복인 것을 알아야 한다. 손절을 하고 그 주식이 급등하였더라도 손절해 놓고 후회가 별로 없었던 것이 나의 긴 주식투자 여정이었다.

종목 투자 간증 2

"네 목은 무기를 두려고 건축한 다윗의 망대 곧 방패 천 개, 용사의 모든 방패가 달린 망대 같고" (아가 4:4)

어쩌다 보니 투자 원금의 약 70%가 빚인 투자를 하게 되었다. 그때부터 진짜 환란이 시작되었다. 주가 하락과 하루하루 이자 부담으로 잠을 못 자는데, 분식회계가 발표되면서 순식간에 주가가 급락하여 아수라장이 따로 없었다.

분식회계 발표 이후 4일간 단기 반등하여 상승하더니 3일간 연속 하락하는데 진짜 공포는 하락 3일째에 밀려들었다. 이자 비용에 대한 공포, 원금 손실에 대한 공포가 한꺼번에 밀려오는데 도저히 주식을 팔지 않고는 견딜 수가 없었다.

그때 이런 생각이 들었다. '다 매도하자, 그러나 다 매도하기 전에 나에게 돈을 빌려준 집사님께 기도나 한번 부탁하고 매도하자'

급히 그 집사님께 기도 부탁을 하였더니 집으로 오셨다. 나의 전반적인 상황을 이야기하고 주식을 팔기 전에 마지막으로 기도를 부탁하였더니 기도해 주셨다.

기도가 끝나고 집사님이 "기도해보니 하나님께서 4월 중순까지는 보유하라고 합니다" 이렇게 말씀하시는 것이었다. 집사님 말씀을 하나님의 예언으로 알고 기다렸더니 계속 주가가 올라서 투자 원금의 41% 수익을 내고 매도하게 되었다.

그 후에 하나님께서 어떻게 그렇게 신통방통한 응답을 주시더냐고 물었더니 "당신 얼굴을 보니 너무나 초조하고 다 급해져 있어서 어떻든 이 시점을 벗어나게 해야 되겠다 싶어 그냥 둘러댔다"고 한다. 하지만 나는 집사님의 말씀을 하나님의 응답이로 믿고 기다려 큰 수익을 얻게 된 것이다.

(2006년 4월 12일)

묵자墨子의 '비공편非攻編'에

성안에서 망대는 적을 방어하기 위해서 세우고, 성밖에서 망대는 적을 공격하기 위해서 높은 탑을 세우는 것이다. 날아오는 화살 등을 방어하기 위해서 망대에는 방패를 설치해야 무기를 오르고 내릴 수 있다. 주식투자는 투자이면서 또한 전쟁이다.

전쟁에 공격과 방어가 있는 것 같지만 승패는 명분과

군사의 사기에 의해서 결정된다. 과도한 빚으로 투자하여 인생을 망칠 뻔한 상황에서 즉 두려움에서 행동까지 하면 안되는데 그 상황에서 집사님의 기도와 지혜로 피할 길을 열었던 것이다.

"군사를 일으키는데 겨울에 동원하자니 추위가 두렵고 여름에 동원하자니 더위가 두렵다. 그래서 겨울이나 여름에는 군사를 일으킬 수 없는 것이다.

봄에 일으키면 백성들의 밭 갈고 씨뿌리는 농사일을 망치고 가을에 일으키면 백성들의 가을걷이를 망치게 된다.

한 철을 망치기만 해도 백성들은 굶주리고 헐벗어 얼어 죽거나 굶어 죽는 자가 얼마나 많을지 이루 다 헤아릴 수가 없다"

전쟁을 안 하는 것이 최선이라면 주식투자를 안 하고 살아갈 수 있다면 안 하는 것이 좋다. 그런 나는 왜 하냐? 그것은 먹고 살 방편이 이것뿐이어서 하는 것이다.

손자병법 '다섯 가지 근본 문제'

"도란 백성으로 하여금 나라와 더불어 한 뜻이 되게 하여 함께 죽을 수 있고 함께 살 수 있게 하여 위험을 두려워하지 않게 하는 것이다.

하늘이란 낮과 밤, 추위와 더위 시기에 맞추는 일이다.

땅이란 멀고 가까운, 험하고 평탄함, 넓음과 좁음, 죽음의 고장인가 살 수 있는 곳인가 하는 것이다

장수란 지혜와 신의와 어짐과 용기와 위엄이 있느냐 없느냐 하는 것이다.

법이란 군대의 편성, 명령의 계통, 병기와 식량 등의 군용품을 말한다

대저 이 다섯 가지는 장수가 다 알고 있지 않으면 안 되거니와 아는 사람은 승리하고, 알지 못하는 사람은 승리하지 못한다."

주식투자가 전쟁이라서 어떤 상황에서도 두려워해서는 안 되고 어떤 손해도 후회가 없는 투자를 해야 한다. 즉 인간은 죽기밖에 안 하는 것인데 손해를 과도하게 두려워하는 경향이 있다.

추위와 더위와 험하고 평탄함이 있듯이 주식은 항상 오르고 내림으로 상승과 하락에 마음을 두면 장기투자가 어려워진다.

인생에서 가장 중요한 것은 지혜이고 지혜가 있고 용기가 없으면 쓸모가 없고 지혜가 있고 용기가 있어야 승리를 하는 것이다.

제2부

주식쟁이 아가서 II

왜 나는 바보 같을까

"내 누이, 내 신부야 네가 내 마음을 빼앗았구나 네 눈으로 한 번 보는 것과 네 목의 구슬 한 꿰미로 내 마음을 빼앗았구나" (아가 4:9)

    2005년 6월 4일 6,900원에서 고점으로 약 6,300원까지 급락하였다. 이유는 알 수 없었고 2005년 6월 4일 6,300원에서 매수하였다.
    다음날 또 하락 6,000원에 2차 매수, 다음 날 또 하락 5,770원에 3차 매수, 주식투자를 하면서 이토록 저점 매수를 실패해 본 것도 특별한 경험이다
    다음날부터 주식이 반등은 하였지만 외바닥으로 하락한 주식이라 반등하기 쉽지 않다. 반등한다고 해도 쌍바닥으로 하락할 수 있는 차트다
    8월 16일 6,200원까지 오르다가 다시 5,900원으로 하락한 이후 그러면서 반등하면서 본격 상승해서 6,900원까지 올랐다
    한 번 더 상승을 기다리는데 쌍봉을 치고 떨어져서 8

월 31일 다시 6,200원까지 떨어졌다.

이렇게 되면 정말 자신을 자책하게 된다. 바보 같이 왜 그 타이밍은 놓쳤는가? 내가 신이 아닌 이상 주식투자를 할 때 보면 가장 바보로 할 때가 참 많다.

그래서 인내라고 하는 것이 필요한데 모두가 영악한데 나만 바보인 듯, 2005년 9월 6일 7,070원에 전량매도 17% 수익을 달성했다.

투자를 끝내고 차트를 복기해 보니 급락에도 패턴이 있고 바닥에서 급등락하는 것도 패턴이 있고 급등 타이밍에도 패턴이 있다는 것을 알게 되었다

'뇌 스위치를 켜라' 중에

"우리가 '생각' 하는 동안 두뇌의 물리적 상태가 변화된다.

만일 의식적으로 '생각'을 통제할 수 있다면, 우리는 유해한 생각의 패턴 회로를 차단할 수 있을 것이다. 뿐만 아니라 그 자리에 건강한 생각을 집어넣을 수도 있을 것이다. 그러면 새로운 생각 패턴 회로망이 성장하게 되는데 이로 인한 파급효과는 엄청나다.

건강한 생각 패턴을 통해 지적 능력은 증진되고, 뇌와 마음과 신체에까지 치유의 효과가 전달되기 때문이다. 이 모든 과정이 '생각' 하고 '선택' 할 수 있는 저장소, 곧 '마음' 에서 시작된다."

하나님은 나에게 마음을 **빼앗겼는데** 나의 눈빛과 나의 목의 구슬 한 꿰미로 마음을 **빼앗겼다는** 것이다. 인간은 생각이 마음이 되어 행동으로 나타나고 또 먼저 행동하면 그것이 마음이 된다. 우리는 마음의 구슬 꿰어서 사랑을 만들고 기쁨을 만드는 것이다. 그리고 그것을 노래하는 것이다. 내 눈동자는 영혼이 아름다워야 하고 내 마음이 사랑으로 충만할 때 비로소 나는 하나님의 신부가 된다

주식투자를 할 때 왜 나는 바보일까 항상 자책을 하는데 그 자책하는 생각이 마음이 되고 그 마음이 구슬로 꿰어지면 우울증 환자가 되는 것이다. 그래서 주식투자는 마음을 기쁨으로 꿰어가는 과정이다.

주식투자는 우울과 두려움의 크기가 크기 때문에 아무리 기뻐해도 평정심을 유지하기 어려운 심리적 싸움이다.

4구간 기법 창안

"내 누이, 내 신부는 잠근 동산이요 덮은 우물이요 봉한 샘이로구나" (아가 4:12)

2007년 7월 광주에서 유명한 차트 전문가를 만났다. 만나면 주식투자로 돈 번 무용담을 들려주는데 점 하한가로 떨어지는 종목을 최저점에 매수해서 상한가 몇 방에 팔았다는 것이 대부분이었다.

"부도날 것 같은 악재로 하한가 몇 방씩 떨어지는 종목을 무서워서 매수할 수 있나요?"

"하한가로 떨어지는 종목의 저점을 어떻게 잡나요?" 그의 말은 급락하는 주식은 2단 하락을 한다는 것이다.

첫 번째 급락의 저점 즉 대량거래가 발생하는 지점에서는 주가가 단기 반등은 할 수 있어도 소멸되지 않는 악재에 대한 불안심리와 이익 실현 욕구 때문에 대부분 2단 하락을 하는데 그 2단 하락의 저점에서 매수하면 수익이 크게 난다는 것이다.

　투자금액이 너무 적었고 단기투자를 할 수밖에 없는 상황이어서 늘 악재에서 주식을 매수해서 수익을 냈다. 그러던 중에 ○○주식을 악재에서 매수하여 수익을 내고 매도하고 관심주로 보았는데 내가 매도한 이후 하락 조정을 보이는 듯하더니 크게 급등하는 것이었다.

　그래서 차트를 그려보았더니 하락 2구간, 매집 1구간, 큰 급등 1구간, 해서 총 4구간으로 이루어지는 것을 알게 되었다. 이것이 내가 창안한 4구간 기법이다.

　하나님이 신부인 나에게 내 동산을 잠그고 내 우물을 덮고 내 샘물을 봉하여 하나님만 순결한 눈으로 바라보라고 하신다.

　하나님만이 내 동산과 우물 열 수 있고 샘물을 마실 수 있는 하나님이 나의 신랑이라는 것이다. 하나님에 대한 사랑도 정말 놀라운 집중력을 필요로 한다.

　주식투자를 할 때 나는 분산투자를 하지 않고 딱 한 종목만 분석하고 집중투자를 했다. 4구간 기법을 적용해서 수익을 얻을 경우 큰 수익이 나지만 거꾸로 차트가 하락으로 흐를 경우 큰 손실을 입는 것이 다반사이다. 특히나 3구간에서 주가는 급등락이 심하고 견디는 것이 쉽지 않아 대단한 집중력이 필요하지만 4구간 급등 구간에서는 그냥 신의 영역이고 우연이나 운명에 맡긴다는 말이 맞을 것 같다.

    나로서는 하나님만 바라보고 갈 뿐이고 결과가 어떻든 후회는 하지 않는다. 흔들리는 내 마음의 동산을 잠그고 내 생각의 우물을 덮고 내 보유의 샘물을 봉하고 갈 뿐이다. 큰 수익을 얻기 위해서는 어쩔 수 없는 인내의 3구간을 견뎌야 하고 4구간은 급등 구간이라 해도 더 큰 인내를 요구한다.

빚으로 투자했던 간증

"내가 잘지라도 마음은 깨었는데 나의 사랑하는 자의 소리가 들리는구나 문을 두드려 이르기를 나의 누이, 나의 사랑, 나의 비둘기, 나의 완전한 자야 문을 열어 다오 내 머리에는 이슬이, 내 머리털에는 밤이슬이 가득하였다 하는구나 내가 옷을 벗었으니 어찌 다시 입겠으며 내가 발을 씻었으니 어찌 다시 더럽히랴마는" (아가 5:2-3)

2008년 1월, 13,200원 정도에서 단기 매매를 위하여 약 6천만 원 정도 미수로 매수했다. 단기적으로 매도하기에는 너무 아깝다는 생각이 들어서 형님께 돈을 빌려야겠다 싶었다. 한 번이라도 돈거래를 해본 적이 없어서 입이 떨어지지 않았다.

새벽기도를 하면서 하나님께 이렇게 기도하였다.

"제가 형님께 돈을 빌려달라고 부탁할 때 형님이 여러 소리 하면 제 성질에 돈을 빌릴 수가 없으니 '응, 알았다 빌려줄게' 이 말만 하게 해주십시오!"

기도를 하고, 오전 10시쯤 전화했더니 형님이 무척 바빠서 제 말을 들을 겨를이 없어 보였다. 제가 주식이 너무 욕심이 나서 외상으로 주식을 샀는데 돈을 6천만 원만 빌려 달라고 했더니 너무 바쁜 것인지 "응 알았다 빌려줄게" 딱 그 말만 하고 형님이 전화를 끊는 것이었다.

단기 상승 이후 14,300원까지 떨어졌는데 미수로 1억 원 정도 매수를 넣었더니 매수가 되어버렸다.

그냥 매도하기에는 너무나 아쉽고 돈 빌릴 곳은 또 형님뿐이어서 다음 날 새벽기도 때도 똑같은 기도를 하였다.

"하나님 제가 형님에게 돈을 빌려달라고 부탁할 때 형님이 여러 소리 하면 두 번째라서 더 이상 돈을 빌릴 수가 없으니 '응, 알았다 빌려줄게' 이 말만 하게 해 주십시오."

오전에 전화했더니 형님이 "무슨 욕심이 그렇게 많으냐? 응 알았다 빌려줄게" 하고 전화를 딱 끊는 것이었다.

내가 빚으로 투자하는 혼돈의 상황에서 위기를 벗어나 수익을 낼 수 없었다면 나는 주식투자가로 존재할 수 없었을 것이다.

하나님이 신랑으로 오시는 소리가 들리고 문을 두드리면서 "나의 누이, 나의 사랑, 나의 비둘기, 나의 완전한 자야 문을 열어다오."

하나님이 부르시면 바로 달려가서 문을 열고 맞이해야 하는데 나는 하나님께 "내가 옷을 벗었으니 어찌 다시 입겠으며 내가 발을 씻었으니 어찌 다시 더럽히랴 마는" 하고 문을 열어주지 않는다.

인생은 준비가 되어있지 않으면 항상 위기가 도래한다. 빚으로 투자해서 어떻게 돈을 벌었다고 하자 그다음 빚투에서 더 큰 손해를 보는 것이 다반사다.

나의 빚투에서 보았듯이 내 주식투자를 뒤돌아보면 내 내면에는 분노가 많아서 충동적인 투자를 할 때가 많았고, 지혜는 있었으나 삶의 질서가 부족했다는 것이다.

그래서 얻는 내 삶의 우선 순위의 교훈을 이렇다
첫째, 질서있게 살아라,
둘째, 자유하게 두어라.
셋째, 사랑하며 살아라.
넷째, 기쁨으로 살아라

손자병법 '전쟁은 속임수다'

"전쟁은 속이는 방법이다. 그러므로 유능하면서도 무능한 것처럼 나타내고, 방법을 쓰면서도 방법을 쓰지 않는 것처럼 나타내고, 가까우면서도 먼 것처럼 나타내고, 멀면서도 가까운 것처럼 나타내고, 이로움을 줄 것 같이 하면서 끌어내리고, 혼란시키고서 취하고, 충실하면 대비하고, 강하면 피하고, 성나게 하여 흔들어 놓고,

낮추어서 교만하게 하며, 편안하면 수롭게 만들고, 화친하면 이간시키며, 그 무방비함을 공격하고, 뜻하지 않는 데 나가니, 이는 용병하는 사람의 이기기 위함이니, 가히 먼저 사전에 알게 해서는 안 된다."

중국 공산당 홍군의 규율
1. 인가에서 떠날 때는 문짝을 붙여 놓는다.
2. 잠잘 때 사용한 짚단은 묶어서 제자리에 갔다 놓는다.
3. 인민에게는 예의 바르게 대하며 가능한 경우 무슨 일이고 도와준다.
4. 빌어 쓴 물건은 모두 되돌려 준다.
5. 파손된 물건은 모두 바꾸어 준다.
6. 농민과 거래는 정직하게 한다.
7. 구매한 모든 물건은 값을 지불한다.
8. 위생에 신경을 쓰고 특히 변소는 인가에 피해를 주지 않는 멀리 떨어진 곳에 세운다.

중국 공산당 홍군의 전법
1. 적이 직진하면 우리는 퇴각한다.
2. 적이 멈추어서 진을 치면 우리는 그들을 교란시킨다.
3. 적이 퇴각하면 우리는 추격한다.

주식투자도 세력의 속임수 속에 있는 시장이다. 세력의 속임수 속에 나는 속수무책으로 당하는 존재가 된다. 꼭 나도 속여야 할 것만 같은 전쟁터에 놓여있는 것이다.

나는 그럴 때는 시장을 외면하고 인내하고 기다린다. 한순간은 속일 수 있어도 세월은 질서를 되돌려놓기 때문에 기다려야 한다. 내가 누군가를 속이려고 하면 그 잔꾀에 내가 당하는 것이 세상의 이치이다.

중국 공산당이 왜 중국을 통일할 수 있었는가? 공산당 홍군의 규율을 보면 알 수 있고 장개석이 이끄는 국민당 군대는 전쟁터에서 저와 반대되는 행동만 했으니 인심을 잃고 패할 수밖에 없었다.

주식투자를 할 때 홍군의 전법을 적용해본다면 나를 드러내지 않는 것이다. 퇴각이든 추격이든 교란이든 나를 최대한 숨기고서 전쟁하는 것이 게릴라전이다.

나의 심리를 노출시키고 승리할 싸움이 있겠는가?

신랑으로 하나님이 문을 두드릴 때 벌떡 일어나 문만 열어주면 나는 신부가 되는 것처럼 주식투자는 매매하는 것으로 전쟁하는 것이 아니다.

새벽 꿈의 간증과 중국 병법

"내가 내 사랑하는 자를 위하여 문을 열었으나 그는 벌써 물러갔네 그가 말할 때에 내 혼이 나갔구나 내가 그를 찾아도 못 만났고 불러도 응답이 없었노라 성 안을 순찰하는 자들이 나를 만나매 나를 쳐서 상하게 하였고 성벽을 파수하는 자들이 나의 겉옷을 벗겨 가졌도다" (아가 5:6-7)

새벽에 꿈에서

새벽에 꿈에서 나와 주님과의 대화
"나: 주님 제가 사랑합니다"
"주님: 왜 나를 사랑하는데?"
"나: 돈 벌게 해달라고?"
"주님: 너는 왜 헌금과 후원을 했는데?"
"나: 돈 벌게 해달라고?"
"주님: 너가 왜 주식투자를 실패한 줄 아니?"
"주님: 그들의 정보가 너의 분석보다 빠르고 정확하다"
"나: 주님 그럼 나는 어떻게 해요?"
"나: 내가 주님 사랑합니다"
"주님: 나의 사랑과 너의 사랑은 무엇이 틀리는 줄 아니?
너는 돈 벌게 해달라는 사랑이라면
나는 생명을 살리기 위해 죽기까지 한 사랑이란다.
그래 너도 생명을 살리기 위해 했던 일들도 많았었지"
(2018년 10월 20일)

중국의 명장 한신

항량이 회수를 건너오자 항량의 부하가 되었으나 무명의 병졸이었다. 힝량이 정도 싸움에서 패하여 죽자 항우의 휘하로 들어갔다.

항우는 그를 낭중으로 삼았으나 한신이 항우에게 여러 번 계책을 올렸으나 항우는 그 계책을 한 번도 채택하지 않았다. 한나라 유방이 파촉으로 돌아오자 항우 진영에서 도망하여 한나라로 갔으나 무명의 한신을 알아주는 사람은 아무도 없었다.

어느 날 소하와 이야기할 기회를 가졌고 소하는 한신과 자주 이야기를 하는 가운데 한신이 뛰어난 인물임을 알아차렸다.

한군이 남정에 이르렀을 무렵 도망하는 장병들이 많았다. 한신도 소하가 한왕인 유방에게 진언을 했는데도 등용을 하지 않는다고 생각해서 이곳에 더 머무를 필요가 없다고 판단해서 도망을 쳤는데 뒤늦게 안 소하가 한신을 뒤쫓아 와 한왕에게 한신을 추천하여 대장군으로 임명된 것이다.

초패왕 항우와 한왕 유방과의 운명을 가른 것은 한신이었다. 한신은 원래 항우 부하였으니 중용하지 않았고 유방의 병졸이었으나 재상 소하의 추천으로 단번에 대장군이 되었다. 항우가 한신을 중용하였다면 어떻게 되었을까? 한신이 유방의 병졸로 있다가 도망가는 것을 소하가 붙잡아 유방에게 천거하지 않았으면 과연 한나라 유방이 통일할 수 있었을까?

중국 공산당 홍군 총사령관 임표

임표는 장개석이 교장으로 있는 황포군관학교를 졸업하였고 졸업 직후 북벌이 시작되어 대위로 승진되었다. 1927년 불과 20세 나이로 대령이 되어 장발규 휘하의 국민당 4군에 배속되었다. 그해 국민당 우파가 쿠데타를 일으키고 남경정부를 수립하자 임표는 휘하 연대 병력을 하룡과 염정이 지휘하는 제20군단에 합류하여 남창봉기에 참가한다. 이 봉기는 공산당 권력 장악을 위한 첫 봉기였다.

1932년 임표는 홍군 제1군단 지휘를 맡았고 홍군 가운데 가장 무서운 부대가 되었다. 1군단이 승리를 거둔 것은 "속공전술"을 창안하여 능란하게 활용했기 때문이다.

국민당 장개석과 공산당 모택동의 운명을 가른 것은 임표였다. 임표는 원래 장개석이 초대 교장으로 있던 황포군관학교 4기 졸업생이다. 어느 날 전투에 대한 케이스 분석 시간에 지형지물에 대한 분석과 용병술을 논하는 모습을 보고 장개석은 그의 잠재력을 알아보았다.

원래 장개석이 임표를 국민당에 영입하려 했으나 반대가 심해서 영입하지 않자 기다리던 임표가 공산당에 가입하게 된다. 그때 장개석이 임표를 중용했다면 지금의 중국 공산당은 존재할까?

공산당이 국민당과 치열하게 전투를 하다 보니 임표가 자연스럽게 총사령관이 된 것이지 모택동에 의해서 중용된 것은 아니지 않는가?

"내가 사랑하는 자를 위하여 문을 열었으나 그는 벌써 물러갔네" 마치 신랑이 와서 문을 두드렸는데 신부가 문을 늦게 열어서 신랑이 벌써 물러갔다고 하는데 진심으로 사랑을 한다면 그 정도 기다려줄 여유도 없을까?

신랑이 되신 하나님은 비둘기 같은 순결한 사랑을 원했는데 "내가 옷을 벗었으니 어찌 다시 입겠으며" 어떤 목적을 달성하려는 계산된 사랑이라서 하나님 보시기에 만날 수 없었던 것은 아닐까?

항우와 유방 중에 한신을 누가 선택하냐에 따라 운명

을 가르고 장개석과 모택동 중에 누가 임표를 누가 선택하냐에 따라 운명을 가른 것처럼 선택하지 않은 것으로 끝나지 않고 항우나 장개석은 죽거나 쫓겨났다는 것이다.

우리가 하나님을 향한 순결한 사랑을 선택하지 않는 순간

"성안을 순찰하는 자들이 나를 만나매 나를 쳐서 상하게 하였고 성벽 파수하는 자들이 나의 겉옷을 벗겨 가져갔도다" 이런 꼴을 당하게 된다는 것이다.

주식을 매매할 때도 이익에 눈이 멀어서 돈에만 마음이 집중되면 결국 두려운 심리 때문에 수익은 적고 손실은 큰 매매가 지속된다.

사랑과 낙관주의에 대한 반응

"여자들 가운데에 어여쁜 자야 너의 사랑하는 자가 남의 사랑하는 자보다 나은 것이 무엇인가 너의 사랑하는 자가 남의 사랑하는 자보다 나은 것이 무엇이기에 이같이 우리에게 부탁하는가 내 사랑하는 자는 희고도 붉어 많은 사람 가운데에 뛰어나구나" (아가 5:9-10)

사랑과 낙관주의에 대하여

캐롤라인 리프의 베스트셀러 '뇌의 스위치를 켜라'에 의하면 "모두가 보여주는 사실은 우리가 사랑과 낙관주의에 반응한다는 것이다. 만일 우리가 부정적인 생각을 품고 부정적인 선택을 한다면 생각의 질이 현저하게 떨어질 것이다. 바꾸어 말하면 뇌 조형의 질이 낮아진다는 것이다.

우리 미래에 대하여 부정적인 생각을 품는다면 그 유해한 생각이 우리 뇌에 변화를 일으킬 것이다. 부정적 생각은 스트레스로 이어지고, 스트레스는 우리 몸에 내재된 신체 본연의 신체 본연의 능력에 악영향을 끼친다. 게다가 유해한 생각은 우리 뇌를 갉아먹는다.

마음속 분노, 공포, 좌절의 감정이 차오르면 DNA 첨단이 짧아진다. 이어 다양한 DNA 코드가 비활성화되고 유전정보 발현의 감소로 이어진다. 이로 인해 우리 몸에서는 양질의 유전 단백질이 활성화되지 않는다.

여기에 놀라운 사실이 있다. 부정적 감정 및 DNA 코드 비활성화로 인한 참혹한 결과는 사랑, 기쁨, 존중, 감사 등의 감정으로 만회할 수 있다는 것이다. 우리가 본연의 설계대로 사랑을 주고받는다면, 우리의 삶은 더 나아질 것이며 심지어 체내 DNA 구조까지 향상시킬 수 있는 것이다."

내 사랑하는 자가 남의 사랑하는 자보다 나은 것

"너의 사랑하는 자가 남의 사랑하는 자보다 나은 것이 무엇인가? 내 사랑하는 자는 붉어서 많은 사람 가운데 뛰어나구나"

'뇌의 스위치를 켜라'의 저자는 저서에서 한 마디로 부정적인 사람과 미워하는 사람은 질병에 걸려 빨리 죽고, 긍정적인 사람과 사랑하는 사람은 건강하게 오래 산다는 결론으로 인간은 그렇게 창조되었기에 그렇게 살지 않으면 온갖 고통에 놓이게 된다고 말한다.

'내가 사랑하는 하나님은 누구시기에 인간의 사랑보다 낫느냐'는 것이다. 하나님을 사랑한다는 것은 희고 붉은 것마저도 사랑하는, 존재하는 자체의 절대적인 사랑이다.

　주식투자를 할 때 종목을 사랑하지 말라는 말이 있다. 그 말은 잘못된 것이다. 불확실한 종목을 사랑하지 말라는 말이다. 정말 좋은 종목은 깊이 사랑할수록 더 깊이 알아가고 오래 장기투자를 할 수가 있다.
　절대적 사랑이 인생을 크게 변화시키는 것처럼 정말 좋은 종목은 절대적으로 사랑으로 수익을 극대화해야 한다.

전업 투자의 여정

"여자들 가운데에서 어여쁜 자야 네 사랑하는 자가 어디로 갔는가 네 사랑하는 자가 어디로 돌아갔는가 우리가 너와 함께 찾으리라 내 사랑하는 자가 자기 동산으로 내려가 향기로운 꽃밭에 이르러서 동산 가운데에서 양 떼를 먹이며 백합화를 꺾는구나" (아가 6:1-2)

고향의 소를 팔아

2005년 7월, 둘째 딸 생일날 1만 원이 없어서 그때 최고 싼 케이크 하나를 사주지 못하고 하루 종일 딸아이의 보채는 것을 달래다가 일을 해야겠다는 생각이 들었다.

그길로 기차를 타고 시골에 내려가서 어머니께 "어머니, 논 한배미 팔아 주세요" 어머니 딱 잘라 하시는 말씀 "못 판다" "아니 자식이 논 한배미 팔아서 성공한다는데 그걸 하나 못 팔아 줍니까?" "못 판다!"는 완고한 말씀에 소를 바라보면서 "그러면 소 팔아 주세요!" 어머니가 그길로 소를 팔아서 거기에 돈을 좀 보태고 해서 6백만 원을 마련해 주더군요.

그 돈마저 주식투자로 다 손해 보고 나서 다시 어머니가 보내 준 500만 원으로 전업 투자를 하려는데 도무지 3명의 아이들이 너무나 자주 토닥거리는 통에 신경이 날카로워지면서 뭘 할 수가 없다는 결론을 내렸다.

내 힘으로 안 되는 것 하나님께 축복을 구해야 되겠다 싶어서 목사님을 찾아가서 "목사님 책상 밑에 책상을 놓고 주식투자를 하고 싶다"고 하였더니 허락하였다.

교회가 사무실이다 보니 직접 투자할 때 헌금했던 상황을 나누고자 한다. 그 당시 나의 건강은 폐병 환자 수준이었다. 마른기침을 쉬지 않고 하면서 아애 잠을 거의 자지 않고 주식에만 몰두하고 있으니 목사님이나 아내가 문을 열 때면 혹시 저러다 죽는 것 아닌가 하는 염려의 눈빛들이었다.

주식투자를 통해서 돈을 벌어서 헌금을 늘 하였는데 하고 나면 거의 대부분 주식이 큰 폭으로 하락하게 되는 것이었다. 그렇게 되면 너무 억울해서 새벽 기도를 할 때 '왜 하나님을 시험해보라고 말씀하셨는데 주식을 하락시켜 손해가 보게 하느냐'고 따지듯이 기도했었다

그렇게 늘 기도하다 보면 어느 시점에서 보면 많은 수익을 얻게 되는 반복이 이어졌다.

나를 울린 시편

그때 나를 울린 시편은 다윗이 아비멜렉(가드왕 아기

스) 앞에서 미친 체하다가 쫓겨나서 지은 시

시편 34편 1절 *"내가 여호와를 항상 송축함이여 내 입술로 항상 주를 찬양하리이다"* 와 다윗에 사울을 피하여 굴에 있을 때 지은 시인 시편 57편 1절 *"하나님이여 내게 은혜를 베푸소서 내게 은혜를 베푸소서 내 영혼이 주께로 피하되 주의 날개 그늘 아래에서 이 재앙들이 지나기까지 피하리이다"* 였고, 또한 다윗이 유다 광야에 있을 때 지은 시편 63편 1절의 처절한 노래였다. *"하나님이여 주는 나의 하나님이시라 내가 간절히 주를 찾되 물이 없어 마르고 황폐한 땅에서 내 영혼이 주를 갈망하며 내 육체가 주를 앙모하나이다"*

"네 사랑하는 자가 어디로 갔는가 네 사랑하는 자가 어디로 돌아갔는가 우리가 너와 함께 찾으리라" (아가 6:1)

우리는 늘 하나님을 찾지만 안 계시는 것 같고, 없는 것 같아서 고아와 같은 마음이 될 때가 많다.

500만 원으로 전업투자를 해서 다섯 식구가 23년을 살아왔다는 것은 기적이다. 그렇지만 그동안 정말 기도해도 하나님은 늘 안 계시는 분이었다.

"내 사랑하는 자가 자기 동산으로 내려가 향기로운 꽃밭에 이르러서 동산 가운데에서 양 떼를 먹이며 백합화를 꺾는구나" (아가 6:1-2)

지나온 세월을 돌아보니 내가 고아와 같이 하나님을 찾을 때 하나님은 나를 먹이려고 동산에서 양 떼를 먹이며 나에게 주려고 백합화를 꺾고 있었던 것이다.

다윗이 쓴 시편을 보면 죽음의 위기에서 저렇게 노래할 수 있을까? 구원의 믿음은 있을 수 있어도 어떻게 기뻐하고 찬양하는지 감탄이 절로 나온다. 다윗은 하나님이 자신을 위하여 양 떼를 먹이시고 백합화를 꺾고 계신다는 것을 알았던 것 아닐까 싶다.

하나님의 눈동자 같은 사랑

"내 사랑아 너는 디르사 같이 어여쁘고, 예루살렘 같이 곱고, 깃발을 세운 군대 같이 당당하구나" (아가 6:4)

"내 사랑아 너는 디르사(북이스라엘 수도) 같이 어여쁘고, 예루살렘(남유다 수도) 같이 곱고 깃발을 세운 군대(다윗의 군대) 같이 당당하구나"

*"세상은 인간의 눈동자와 비슷하다
바다는 눈의 흰자위와 같고
마른 땅은 홍채와 같고
예루살렘은 눈동자와 같고
성전은 눈동자에 비친 형상과 같아"
(외경 하가다 1권 2장)*

디르사와 예루살렘 즉 이스라엘 수도로 하나님의 눈동자다.

눈동자에 넣어두고 보는 진정한 사랑을 나타낸다.

얼마나 사랑하면 눈동자에 두고 사랑하실까?

이스라엘이 어떤 죄악 가운데 있을지라도 그 때문에 징계를 할지라도 그것은 하나님의 눈동자 같은 사랑이다

하나님이 나에게 어여쁘고 곱고 아름다우니 하나님을 사랑하기를 깃발을 세운 군대 같이 당당하게 사랑하라고 한다.

나는 지금까지 주식투자를 하면서 이익과 손해에 늘 몸부림쳤지만 어떤 어려움에도 깃발을 세운 군대 같이 당당하게 일어나서 늘 생존하고 있다

쌍태의 잉태와 눈동자 같은 사랑

"네 이는 목욕하고 나오는 암양 떼 같으니 쌍태를 가졌으며 새끼 없는 것은 하나도 없구나" (아가 6:6)

'쌍태를 가졌으며' 하나님이 인간을 축복할 때는 쌍태(남여 쌍둥이)를 잉태케 하는 것으로 최고의 축복을 한다.

남녀 쌍둥이로 잉태하는 것으로 축복하시는 것은 에서와 야곱을 보더라도 남자 쌍둥이는 서로 경쟁하고 싸우기 때문 아닐까

얼마나 사랑하면 하나님은 우리 이를 보고도 어여쁘고 많은 자손으로 번창하게 하고 잉태할 때마다 쌍태로 잉태하는 축복을 주신다고 할까?

또 하나님이 나를 눈동자에 비친 형상으로 두고 사랑한다는 것이다 *(외경 하가다 1권 3장 내용 중)*

신용 몰빵으로 매수했는데

"돌아오고 돌아오라 술람미 여자야 돌아오고 돌아오라 우리가 너를 보게 하라 너희가 어찌하여 마하나임에서 춤추는 것을 보는 것처럼 술람미 여자를 보려느냐" (아가 6:13)

하나님의 사랑과 나의 사랑이 "나는 내 사랑하는 자에게 속하였고 내 사랑하는 자는 내게 속하였으며" 서로 하나가 되었을 때 사람들이 나에게 세상으로 돌아오라 돌아오라 그럽니다.

살면서 가장 심리적으로 공황 상태였을 때는 대규모 부동산 투자를 잘못해서 헐값에 넘어가고, 그 부동산으로 인한 대규모 부채를 정리하고, 주식투자 해도 매수한 종목마다 하락해서 5년 동안 수익이 없을 때, 대박이 아니면 상황 자체 해결이 안 될 때였다.

특정 종목을 신용 몰빵으로 매수했는데 순간 악재가 터져서 폭락으로 그날 손절하였다.

다음날 그 종목이 다시 하락해서 저점이다 싶어서 신

용 몰빵 매수! 다시 급락해서 손절했더니 2일간 매매로 70%나 손실을 난 것이다

그런 최악의 상황을 극복하였으니 지금 돌이켜보면 참으로 놀라운 일이다. '돌아오라 돌아오라 이것 팔고 저것 사면 큰 수익이 날 것이다.' 혹시라도 귀에 속삭임이 들려오면 단호히 물리쳐야 한다.

"너희가 어찌하여 마하나임에서 춤추는 것을 보는 것처럼 술람미 여자를 보려느냐"

하나님이 세상 유혹을 하는 사람들을 향하여 꾸짖는 것이다. 내가 두 번 매매도 70% 잃었듯이 주식은 투자도 하기 전에 이미 돈 잃을 종목이 있고, 이미 돈 벌 종목이 정해져 있는 것이다. 나만 모르고 불나방처럼 뛰어들 뿐이다.

하나님 나라의 깡통 인생

"사랑아 네가 어찌 그리 아름다운지, 어찌 그리 화창한지 즐겁게 하는구나 네 키는 종려나무 같고 네 유방은 그 열매송이 같구나" (아가 7:6-7)

내 사랑아 너의 하나님 나라는 어찌 그리 아름다운지!

우리가 하나님을 믿는다는 것은 하나님 나라에서 산다는 것이다. 살아서도 하나님 나라에서 살고, 죽어서도 하나님 나라에서 살고, 살고 죽는 것의 경계선이 없는 삶을 말하는 것으로 하나님을 기뻐하는 신부로서 하나님 나라가 어찌 그리 아름다운지!

"내가 그리스도와 함께 십자가에 못 박혔나니 그런즉 이제는 내가 사는 것이 아니요 오직 내 안에 그리스도께서 사시는 것이라" (갈라디아서 2:20)

살고자 하는 욕심도 못 박고,
살리고자 하는 마음도 못 박고,

돈을 벌고자 하는 욕망도 못 박고,
예수님 사랑으로 사는 나라!

주식투자로 깡통을 찬 경험으로 남을 섬기는 사람이 되고 누군가는 깡통이 되어서 거지로 살고, 깡통이 되고 보면 단타칠 요령만 궁리하다 평생 깡통 인생을 살고, 깡통을 찼을 때 부자의 마음으로 장기투자를 배워서 부자가 되는 주식투자를 하게 되는 것이다
  종목 선택은 단순한 것이다
  "키는 종려나무 같고" 처럼 기술이 독점적으로 진입장벽이 높고 성장성의 키가 큰 종목을 선택하면 된다.
  "네 유방은 그 열매송이 같구나" 처럼 기업 분석 내용 안에 많은 열매가 감추어져 있어서 그러므로 말미암은 저평가 종목 찾기가 아닌가?
  주식투자를 할 때 어떤 상황에서도 하나님 나라의 심리를 유지하는 것이 중요하다. 돈이 치열하게 급등락하지만 돈에 마음을 주면 큰 낭패를 보고, 아무리 좋은 종목을 보유하고 있어도 급등락의 현상으로 두려움에 사로잡혀 손절하는 경우가 많기 때문에 현상 너머를 바라보고 투자를 하는 것과 유사하게 주식투자는 하나님 나라의 삶과 닮아있다.

하나님이 '함께 유숙하자' 시네

"내 사랑하는 자야 우리가 함께 들로 가서 동네에서 유숙하자 우리가 일찍이 일어나서 포도원으로 가서 포도 움이 돋았는지, 꽃술이 퍼졌는지, 석류 꽃이 피었는지 보자 거기에서 내가 내 사랑을 네게 주리라" (아가 7:11-12)

하나님이 나를 신랑 신부로 처음 만났을 때는 방으로 끌어들여 침상에서 만났는데 이제 서로 사랑이 깊어지니 "들로 가서 동네에 유숙하자" 고 한다.

"왕이 나를 방으로 끌어들이시니〈아가 1:4〉"
"왕이 침상에 앉았을 때 〈아가 1:12〉"
"우리가 함께 들로 가서 동네에서 유숙하자"

이스라엘 민족을 애굽에서 나와서 광야로 인도하듯이 하나님의 임재로만 전적으로 살아갈 수밖에 없는 들판으로 가서 동네에 유숙해서 일찍 일어나서 생명의 움이 돋았는지, 사랑의 향기가 퍼졌는지, 꽃피고 열매가 맺었는지 보자고 하신다.

거기서 하나님 사랑을 나에게 주신단다.
우리가 살아가는 이유를 분명히 말씀해 주신 것이다.
생명을 살리고
사랑의 향기를 풍기고
그것으로 열매를 맺는
그곳에서 하나님의 사랑을
나에게 주신다고...

잔칫상을 진설하는 인생

"합환채가 향기를 뿜어내고 우리의 문 앞에는 여러 가지 귀한 열매가 새것, 묵은 것으로 마련되었구나 내가 내 사랑하는 자 너를 위하여 쌓아 둔 것이로다" (아가 7:13)

합환채는 꽃으로서 극도로 친밀한 사랑을 나타낸다. 하나님과 내가 연합해서 사랑으로 하나가 되면 내가 여러 가지 귀한 열매가 새것, 묵은 것으로 마련하여서 내가 사랑하는 하나님 앞에 쌓아서 잔칫상을 진설하여 둔 것이다.

내가 하나님으로부터 받은 복이라면 몰라도 내가 하나님 앞에 귀한 내 삶의 묵은 열매들을 쌓아서 진설하고 새로 수확한 귀한 열매들을 쌓아서 진설한다는 것이 뭐 있을까?

하나님이 우리를 사랑하사 자기 아들을 십자가에 죽게 하시고 부활함으로 우리를 죄에 용서하시고 사망에서 생명으로 영원한 생명을 주셨으니 하나님이 값이 주신 축복 이외 앞으로 나는 하나님 때문에 손해가 날 일들을 즐거이 감당하는 사랑의 잔칫상을 진설하면 어떨까?

　대부분 인간은 나의 이익을 축복이라고 생각하지만 나를 통해서 남이 이익을 얻을 때 나의 축복이 되는 것이다.
　남들이 망하면 나도 함께 망하게 되고 남들이 흥하는 것을 돕다 보면 나도 흥하게 되는 것으로 나의 삶의 여정을 잔칫상으로 진설하고자 한다.

나를 망치게 했던 것들

"네가 내 어머니의 젖을 먹은 오라비 같았더라면 내가 밖에서 너를 만날 때에 입을 맞추어도 나를 업신여길 자가 없었을 것이라" (아가 8:1)

하나님이 내 오빠같이 내 옆에 항상 가까이 있었더라면, 그래서 서로 사랑하는 것을 남들이 보았더라면, 내가 업신여기지 않았을 것인데 하나님은 정작 할 때 필요할 때 모습을 보이지 않으셔서 내가 세상에서 업신여김을 당한다는 것이다.

거미줄에 걸린 인생

솔직히 죽음 앞에 서서 너무나 괴롭고 죽고 싶은 마음뿐이었다. 주식투자, 한 종목을 너무 많이 보유하고 있어서 일부를 팔아서 조금이라도 수익 내야 하는 조급함에 다른 종목을 매수했는데 투매가 나오면서 급락했다.

막걸리를 한 병, 두 병, 세 병, 3일을 그렇게 살았다.

무책임한 생각일 수 있으나 나는 물질의 그물에 갇혀서 발버둥을 칠수록 더 악화되는 삶을 잃어버렸다.
　협심증 약을 먹고 막걸리로 견디고 내가 죽음의 위기에서 어떻게든 구원해 달라고 기도를 하지만 나는 거미줄에 걸려있는 듯 했다. (2018년 11월 7일)

　내가 주식투자를 할 때 인생을 망치는 2가지가 있다면 돈을 사랑하는 것과 술에 취하는 것이었다.
　"술을 즐기지 아니하며 구타하지 아니하며 오직 관용하며 다투지 아니하며 돈을 사랑하지 아니하며" (디모데전서 3:3)
　내가 끝없는 손실에 놓여있을 때의 일기에서도 보면 "나는 물질의 그물에 갇혀서 막걸리를 한 병, 두 병, 세 병, 3일을 그렇게 살았다.
　돈을 사랑하고 집착하게 되면 분석하는 지혜를 잃어버리게 된다. 술에 취하면 판단 능력이 마비되어서 감정적인 행동을 하게 된다. 하나님이 나를 외면하는 것 같을 때 나타나는 나에게는 3가지 증상이 있다.
　돈에 집착하고, 술에 취하고, 분노하는 마음이다. 이 3가지는 인생을 망치게 한다. 어느 날 상담을 받아 보았다.
　"특이하게 우울감은 하나도 없는데 마음에 분노가 들끓어요? 앞으로 분노하지 않을 확률은 몇 %이고 분노하지 않을 방법이 있을까요"

"저는 마음을 절제하여 분노하지 않을 확률은 70% 입니다. 술을 끊는다면 100% 분노하지 않을 자신이 있습니다"

이렇게 하여 그날부터 돈을 사랑하지 않고 술을 끊게 되어 분노하는 마음이 없어지게 되었다.

의식의 혁명과 몸의 생각

"그의 사랑하는 자를 의지하고 거친 들에서 올라오는 여자가 누구인가 너로 말미암아 네 어머니가 고생한 곳 너를 낳은 자가 애쓴 그곳 사과나무 아래에서 내가 너를 깨웠노라" (아가 8:5)

하나님을 사랑하고 의지하여 거친 들(광야)에서 올라오는 신부인 나는 누구인가? 내가 태어난 세상에서 하나님은 사과나무 그의 그늘에서 아래서 나를 신부로 불렀노라

"몸의 모든 기능을 조정하고 있는 것은 두뇌다. 혈압, 맥박수, 면역반응, 호르몬 분비 등 모든 것이 뇌에서 정해진다. 신경질적으로 사물을 생각하고 있으면 몸의 상태가 나빠져 가는 것이다. 근심이 많아져 '목이 안 돌아가고, 마음이 아프다' 이는 고독과 심장병과 관련이 있다. 격한 감정과 관계가 있는 뇌 부분을 장기간 자극하면 심장 기능의 이상이 생긴다. 마음이 흩어져 갈피를 못 잡으면 머리가 빠개지는 듯한 두통을 유발한다. 암, 정신분열증, 감기 등 모든 질병은 마음과 몸으

로부터 발생하게 된다."

　주식투자에 있어서 분석이라는 말을 자주 쓴다. 분석을 통해서 생각하는 것은 당연하다.
　주식투자가는 생각을 너무 많이 하고 끊지 못하는 것이 항상 문제가 된다. 즉 생각을 너무 지속적으로 많이 한다. 생각이 많다고 돈이 많이 벌리는 것은 아니다. 생각에 감정이 개입해서 마음이 되면 사랑의 반대편의 감정에 휩싸이는 것이 대부분이고 주가가 떨어지면 불안한 마음이 지속되고 보면 결국 분노하는 마음에 이르게 된다.
　이런 심리는 자존감은 크게 낮추어서 주식의 과정인 분석과 결정을 통해 매수, 매도, 보유를 결단하지 않고 의존적인 형태로 손실을 키우게 된다.
　주식투자를 하다 보면 이런 경우가 대부분이다. 오를 종목은 분석 안 해도 오르고, 생각 안 해도 오르고, 낙심해도 오른다. 내릴 종목은 분석해도 내리고, 생각에 감정을 더해도 내리고, 긍정해도 내린다.

　주식투자에서는 종목 선택을 잘못하고 기도한다면 손실만 가중시키지 않겠는가. 그럼에도 불구하고 모든 일이 마음먹기에 달려있는 부분이 많다.
　삶은 전능자 하나님이 나를 인도하고 내가 의지하면

서 살아간다면 하나님이 나를 사랑하고 그 사랑에 내가 의지하기 때문에 자존감이 높아질 수밖에 없다.

주식투자를 할 때 사랑이란 단어가 개입할 여지가 별로 없다. 사랑이라는 감정이 있다면 마음이 평온해진다. 하나님의 그늘 아래 주식투자를 한다면 거친 들의 어떤 어려움도 못 이길 것이 없다.

삶이란 하나님의 사랑이 있다면 그저 왔다 빈손으로 간다고 해도 두려울 것도, 아쉬울 것도, 우울할 것도 없는데 우리는 자본주의 허상을 끌어안고 살아가고 있기에 뇌에서 정해지는 내 생각과 감정의 마음이 나를 병들게 하는 것이다

어떤 상황 속에서도 사과나무 아래서 나를 깨우는 하나님의 동행을 인식한다면 크게 어렵지 않은 것이 주식투자다.

왕권의 상징

"너는 나를 도장 같이 마음에 품고 도장같이 팔에 두라 사랑은 죽음 같이 강하고 질투는 스올 같이 잔인하며 불길 같이 일어나니 그 기세가 여호와의 불과 같으니라 많은 물도 이 사랑을 끄지 못하겠고 홍수라도 삼키지 못하나니 사람이 그의 온 가산을 다 주고 사랑과 바꾸려 할지라도 오히려 멸시를 받으리라" (아가 8:6-7)

도장 - 왕권의 상징

"너는 나의 죽음보다 강한 사랑을 마음에 품고, 질투가 스올(음부) 같이 잔인하고 불길 같이 일어나는 나의 사랑을 팔에 두라, 그 사랑의 기세가 불과 같아서 많은 물로도 이 사랑을 끄지 못하겠고 홍수로도 삼키지 못하나니 사람이 그의 온 가산을 주고 사랑과 바꾸려 할지라도 오히려 멸시를 받으리라"

나는 주식을 매매할 때 보유 종목을 매도하고 신규 종목을 매수할 때 신규 종목을 매수하여 스올(지옥)같이 잔인한 손실을 보는 것은 아닌가? 하는 생각을 늘 하게 된다.

한번 결정하면 행동을 결단으로 바로 옮기는 편이라

서 잘못된 매매를 결단할 경우 매매 초기에는 왜 손실을 보는지 모르고 손해가 깊어지기 때문에 매수를 결단할 때는 스올 같이 잔인한 손실을 보면 어떻게 할지를 돌아보면서 실행해야 한다

성벽과 망대

"그가 성벽이라면 우리는 은 망대를 그 위에 세울 것이요 그가 문이라면 우리는 백향목 판자로 두르리라 나는 성벽이요 내 유방은 망대 같으니 그러므로 나는 그가 보기에 화평을 얻은 자 같구나" (아가 8:9-10)

6파론의 차트 기법 창안

초기 주식투자는 악재가 터질 때 두 번 급락의 매수를 해도 단기적으로 돈을 벌었다. 주로 저평가 종목을 분석하고 또 역배열 차트에서 악재에서 최저점 공략하여 수익을 내는 승리 의식의 반복이었다

처음에는 초단타 매매였지만 돈이 벌리는 수준에 따라서 비례해서 점점 더 투자 기간이 길어지고 더 큰 수익을 기대하는 중장기 투자자로 자연스럽게 변해가고 있었다.

항상 역배열 종목만을 선택하여 공략하였고 길어야 투자 기간은 한 달 정도였고 대부분 수익률은 15% 내외였다. 그러던 중에 큰 수익을 얻었다고 매도하고 나

면 그 이후에 그 종목의 주가가 몇 배씩 오르는 것이 다반사가 되었다. 도대체 매수할 줄은 알겠는데 매도 시점을 잡는 차트 기법이 없었던 것이다.

기도할 때마다 '하나님 저는 주식을 살 줄만 알지 팔 줄은 모릅니다' 단순하게 이런 기도를 반복하고 또 반복하였다.

그러던 어느 날 예배 중 기도 시간에 머릿속에 엘리어트 파동이 떠올려 주시면서 하나님이 응답하실 때 엘리어트 파동은 저점에 매수하는 파동이 없고 상승 3파가 아니고 상승 2파인데 추가 상승할 경우에 다시 상승 파동이 나온다. 이런 응답을 주셨다. 즉 긴 기간 하락 2파 이후 최저점, 쌍바닥, 쓰리바닥에서 저점을 높이는 상승 2파 이후에 눌렸다가 1개의 완만하고 긴 상승 1파가 나오고 눌렸다가 급등 1파가 나오고 눌렸다 전고점을 돌파하지 않은 쌍봉에서 전량 매도하는 1개의 파로 완성된다는 것이다.

하나님이 머릿속에 그려준 6개의 파동을 그려서 "6파론의 차트 기법"이라 명명하였고 "6파론의 차트 기법" 증권 책을 출간하였다. 그 뒤로부터는 일정부분 수익률을 극대화 할 수 있었다. (2007년 7월 15일)

"내가 성벽이라면 하나님은 은 망대를 그 위에 세울 것이고 내가 문이라면 하나님은 그 문에 백향목 판자를 둘러 함께하리라 나는 성벽이요 내가 하나님께 받는 사랑은 망대 같으니 그럼으로 나는 하나님이 보기에 화평을 얻는 자 같구나"

내가 주식투자의 성벽을 세울 때 하나님은 나에게 "올매적정주가론, 6파론의 차트 기법, 4구간 기법, 60/120/240 이평선 기법"이라는 기법을 창안하게 하여은 망대를 세워주셨고 내가 문틀일 때 백향목 판자를 둘러서 나와 하나로 함께 하셨다

내가 나를 볼 때에도, 하나님이 나를 보시기에도 나는 화평을 얻는 자가 되었구나.

바알하몬 포도원

"솔로몬이 바알하몬에 포도원이 있어 지키는 자들에게 맡겨 두고 그들로 각기 그 열매로 말미암아 은 천을 바치게 하였구나 솔로몬 너는 천을 얻겠고 열매를 지키는 자도 이백을 얻으려니와 내게 속한 내 포도원은 내 앞에 있구나" (아가 8:11-12)

솔로몬의 포도원이 얼마나 토양이 기름졌던지 경작하는 농부들이 소작료로 은 1,000세겔을 주고도 관리인에게 200세겔을 더 주고 경작하였는데 하나님은 신부인 나에게는 예수님을 주심으로 말미암아 내가 구원을 얻게 되었구나

바알하몬 포도원
주식투자에게 바알하몬 포도원은 정말 좋은 종목을 선택하는 것이다. 지금 많은 수익률을 기록한 현재의 종목도 매수를 너무 일찍 해서 -40% 손실일 때가 있었다.

마이너스 40% 손실일 때 너무 힘들어서 낮은 산언덕을 걷는데 걸어갈 힘이 없었고 너무 힘들어서 내 몸이 풍등 같았다/ 손가락에 침을 묻혀서 내 살갗에 대면 구

멍이 뚫리고 바람이 빠질 것 같은 인간, 그날 산길에서 "풍등 인간" 시를 썼다.

  누군가는 바알하몬 포도원에서 농사를 짓기 위해서 솔로몬에게 은 1,000세겔을 바치고도 관리인에게 200세겔을 더 주면서까지 서로 농사를 지으려 하는데 그런 고통을 지나서 양파껍질 벗겨지듯이 종목의 본모습이 드러나고 보니 투자 종목이 바알하몬 포도원이었다. 매도하지 않는 한 하나님이 선물해준 내 바알하몬 포도원이 내 소유로 있다.

풍등 인간

자고 깨니 나는 종이였다
내 마음은 원래
그대로 채워져 있었기에
그대가 그려져 있다

훅- 바람에 날아갈까
창호지에 침을 묻히면
종이로 만들어진 나는
구멍이 아주 쉽게 뚫리겠지

종이로 된 눈알을 굴리면
날마다 왔던 산길도

바람에 떠는 창호지처럼

뿌옇게 흔들리는 풍경
얼굴 하나 그려진 종이
바람결에 날아오른다

종이 심장으로 숨을
후-하고 크게 내쉬면
금세 구멍이 뚫릴 것 같아
조심스러운 호흡

늘 마지막인 풍경
산길을 가서 보니
종이에 그려진 얼굴이
달맞이꽃으로 반긴다

종이로 만든 몸
물에 닿지 않으면
제법 꼿꼿이 서서
마지막을 넘어 또 보는
풍경의 기쁨

그대 그려진 종이등에
불을 밝혀 띄우는 마음
그대는 아는가

 - 시집 『부러진 나무의 눈빛들』 중

복 있는 사람

"너 동산에 거주하는 자야 친구들이 네 소리에 귀를 기울이니 내가 듣게 하려무나 내 사랑하는 자야 너는 빨리 달리라 향기로운 산 위에 있는 노루와도 같고 어린 사슴과도 같아라" (아가 8:13-14)

내가 이미 많은 빚으로 투자하고 있던 종목이 분식회계를 발표가 있을 것이라고는 상상도 하지 못하였다. 주가가 너무나 떨어진 상태에서 누가 툭 던지면 급락할 위기에서 제발 떨어지지 말라고 아주 낮은 호가에 허매수를 넣었는데 또 1억 9천만 원이 매수가 되었다.

다음날 하루 종일 기도만 하였는데 은행에서 연락이 와서 5천만 원은 신용대출을 받게 되었고 교회 여자 집사님이 1억 7천 2백만 원을 빌려주어서 오히려 주식을 추가로 더 사게 되어 빚이 투자원금의 70%가 되었다.

큰 수익을 내고 매도한 이후 빚은 원금만 갚고 무엇으로 보답할까 생각하다가 "증권계좌에 2천만 원만 넣어서 가져오십시오. 제가 남의 돈은 절대로 투자하지 않는데 집사님 돈으로 주식을 매수해드리겠습니다"

5,000원에 매수해서 21,000원에 매도해서 내가 큰 수익을 얻었던 종목을 5,000원에 매수해주었다

  내가 21,000원 할 때도 안 팔고 3만 원대에 매도를 하였고, 그 후에 OCI(동양제철화학)을 나는 매수해서 손절했는데 20,000만 원에 매수하게 했는데 그 이후 65만 원까지 올라갔는데 지속적으로 보유하다 어느 시점에서 매도했는지는 알지 못한다.

  최근 내 시집 "부러진 나무의 눈빛들"를 출판해서 시집을 그분께 드렸더니 "이제 또 하나님이 주식투자 할 때가 되었다고 하신 것 같네" 하셨는데 그 이후에 주가가 지속적으로 상승하고 있다.

  "하나님의 동산에 거주하는 자야 내가 네 즐거운 소리에 귀를 기울이니 내가 듣게 하려무나 내 사랑하는 자야 너는 빨리 달려 내게로 오라 그리하여 향기로운 산 위에 있는 노루와도 같고 어린 사슴과도 같이 푸른 초장에서 화평을 얻으라"

  복 있는 사람은 하나님의 동산에서 노래하고 기뻐하며 살아가는 듯하다. 내가 그 즐거운 소리에 귀를 기울이다 보면 나도 복 있는 사람의 길을 걷고 있는 것을 발견하게 된다.

"하나님이 내 사랑아 너는 항상 선한 길로 세상을 달려 내게로 오라"

사랑으로 살아가면서 하나님의 향기로운 산 위에서 너는 푸른 초장으로 화평을 얻으라 말씀하신다.

제3부

기법을 창안하는 여정

M을 만나다

내가 한참 주식으로 잘 나갈 때 팍스에서 M을 만났다. 근데 난는 종목을 샀다하면 상한가를 먹었는데 M은 정말 잡주인 '바른손'을 사라고 하는데, 몇백 원짜리를 만날 25만 원은 간다고 우기는 것이었다. 그러다 닷컴버블이 터지면서 나는 거지가 됐는데 M은 650만 원을 투자해서 바른손에서 51번 상한가를 먹고 한 달간 중국 여행을 갔다. 뻥인지 진실인지 알 수 없지만.

내가 그때부터 M님께 기본적 분석을 풍월로 배웠는데 왜 그렇게 주식을 잘하는데 손을 떼냐고 물었더니 "주식이 무서우면 삼십육계 줄행랑이 최고라고 하더구먼."

그 후 형님 공장에서 일하면서 재무제표를 분석하고 의문점이 생길 때마다 전화를 하면서 기본적 분석과 적정가치를 분석하는데 많은 도움을 받았다.

자살 위기에서 어머니가 준 500만 원으로 교회 목사

님 책상 밑에서 주식투자를 하여 수익을 많이 내고 있었고. 한 몇 년 후쯤 연락이 왔다.

한 달만 제 사무실에서 주식투자를 배우고 싶다는 것이었다. M은 주식투자를 하지 않고 10억을 부동산에 투자해서

20억을 만들고 그 땅에 빌딩을 지어서 장사와 부동산을 겸업으로 했었는데 왜 나에게 주식을 가르쳐 주신 분이 내게 주식을 배우려고 하는지는 묻지 않았다.

(2009년 3월)

적정주가를 만들다

 닷컴버블이 터지고 너도나도 망하고, 대박을 꿈꿀 때 그 때의 IMF를 겪어서인지 항상 턴어라운드라는 테마가 유행하였던 것 같다.

 '턴 어 라운드*Turnaround*' 말은 참 좋다. 턴어라운드라는 낱말 이면에서 부실기업과 건실한 기업의 구분이 참 모호한 것이다. 인생 역전의 대박을 꿈꾸며 막판 아내 몰래 카드로 대출을 받아서 3번의 승부수를 두었는데 그런데 3번 다 종목이 상장 폐지되는 것이다

 그때 제가 믿는 하나님께 이렇게 외쳤다. "차라리 내가 잃은 돈만큼 정육점에서 내 살점을 팔았으면 좋겠습니다."

 처절한 외침을 뒤로하고 둘째 딸 생일날 1만 원이 없어서 그 때 최고 싼 케익 하나를 못 사주고 하루 종일 딸아이의 보채는 것을 달래다가 일을 해야겠다는 생각

이 들었다.

그길로 기차를 타고 시골에 내려갔습니다. 어머니가 그길로 소를 팔아서 거기에 돈을 좀 보태고 해서 6백만 원을 마련해 주더군요. 소형차를 계약을 하는데 1백 6십만 원이 들어가고 나머지는 증권계좌로 넣고 이제는 인생 역전을 하리라 했건만 날마다 마이너스 수익률 단타를 칠수록 잃었다.

수익이 나면 무슨 생각이냐면 "재수 없는 내가 무슨 복이 있을라고?" 해서 수익을 챙기자 하고 매도하면 주식이 날아가고 날아간 것이 아쉬워서 다음 종목에서 인내하면 한없이 손실이 깊어지고를 반복하다가 '애라 모르겠다. 형님 공장에 가서 일을 하자' 하고 소형차를 끌고 형님 공장으로 올라가서 자재 배달을 청계천으로 하는데 얼마나 죽고 싶던지, 특히 한강물만 보면 죽고 싶더구먼. 지금도 세상에서 젤 싫어하는 것이 한강이다.

그 광능내에서 청계천 여기저기 자재 배달을 하면서 시간만 나면 마산에 사는 M님께 전화해서 종목을 물어보면 이것이 저래서 고평가다 뭐다 선문답을 던지던 때였다.

이전에 직장 생활하면서 배운 재무제표를 놓고 밤에는 씨름하기 시작했다. 고평가는 뭐고 저평가는 무엇인가부터 성장성의 가치는 무엇이고 자본총계의 가치는 무엇인가? 낮에는 M님께 전화해서 분석했던 종목을 물어보면 PER를 이야기하면서 저평가다 고평가다 하는 것이었다. PER의 논리를 생각하기 시작했고 그 논리는 미국이라고 하는 거대한 시장에서 수익성의 논리를 강조한 것이었다.

대한민국은 시장이 작아서 수익성의 논리보다 그동안 수익을 창출해서 얼마나 저축된 것이 많은가? 생각할 필요가 있다. "자본총계=자산총계-부채총계" 자본총계가 과연 적정주가에 몇 %의 영향을 미치는가?
밤이면 재무제표를 놓고 날마다 주가에 적용해본 결과 그때의 시대 상황 속에서는 약 20% 정도가 현실 주가에 영향력을 미치고 있다는 것을 발견하였습니다.
고민하는 과정에서 적정 주가를 하나의 수치로 나타내보고자 싶어서 엑셀로 공식을 만든 것을 명명한 것이 "올매적정주가론"이었다
올매적정주가론으로 초기에 돈을 많이 벌었다. 그 이유는 나중에 생각해보니 자본총계의 가치가 적정주가 가치와 어떤 상관관계가 있는가를 고민한 것이 남들이 소홀했던 것에서 중요한 논리를 발견한 것 같았다.
그 후 많은 전문가들을 만나서 자본총계를 어떻게 적정주가 논리를 이야기했고 지금은 자본총계를 적정주가

에 적용하는 논리가 확산되어 가는 추세에 있다.

　미국의 성장성의 논리를 중요하게 여기고 자본총계 논리를 매우 등한시 여길 때 제가 적정주가론을 만들면서 성장성+자본총계론을 터득한 것이 오늘날까지 주식투자에 성공했던 밑거름이 되었다.

(2009년 3월 27일)

차트와 수급을 알다

　가족들과 떨어져 살기가 싫어서 형님 공장을 그만두었는데 어머니가 500만 원을 주었다. 그것이 초기 투자 자금이었다
　다시 실패가 반복되고 좁은 집에서 아이들 3명이 떠드니 도저히 집중이 안 되어서 그렇다고 사무실을 얻을 형편도 안 되고 해서 내가 다니던 교회 목사님을 찾아가서 목사님 책상 밑에 책상을 하나 주시면 주식투자로 성공할 자신이 있다고 하였더니 그렇게 하라고 허락하셨다.

　나는 문학책은 많이 읽었는데 생각해 보면 그때까지 증권투자에 대한 책은 한 번도 읽어본 적이 없었다. 오직 M님에게 전화상으로 배운 것을 토대로 혼자서 만든 적정주가에 대한 공식 하나를 만들어서 활용했다.
　500만 원으로 주식투자를 하는데 묘하게 정말 돈이

잘 벌렸다. 어찌되었건 혼자 만든 적정주가 이론으로 3개월 만에 3,300만 원을 만들고 보니 자신감이 생겼다. 그 뒤 한 달 동안 투자를 실패하여 약 1,000만 원을 까먹고 2,300만 원 정도 남았을 때 주식투자를 일시 중단하였다.

그러던 중에 지수가 지속적으로 하락할 때 기본적 분석에 대한 한계를 느끼고 우리나라 최고수 차티스트를 찾아가서 한 10분 배우고 그날부터 아애 잠을 안 자다시피 연구를 해서 돈도 벌고 나의 기막힌 기법들을 창안하기 시작하였다.

그때까지는 차트가 무엇인지도 몰랐었다. 첫날은 저녁 늦게 만나서 식사를 한 끼하고 헤어졌는데 다음날이 토요일인데 증권사로 찾아오라고 해서 갔더니 나의 인격을 아주 무시하는 언행을 오전 내내 보여 주었다.

오후가 되니까 그 사부님이 나를 보고 "너 인간성이 되었구나!" 하면서 자신의 사무실로 데리고 가더니 "보조지표 스톡케스틱 슬로우에 수치를 20. 6. 6.를 대입해서 볼 것! 이것이 상승 다이버젼스다 하면서 줄을 죽 하나 긋더니 저점을 높이는 쌍바닥일 때 이럴 때 주식을 매수해라. 내일부터 60분 차트를 기준 차트로 보되 전 종목 차트를 하루에 3번 이상보고 5종목을 찾아오라"고 했다 그것이 첫날 공부였다. 그리고 아주 오래된 증권 책을 한 권 주면서 전체는 2~3번 읽어보고 보조지표 스톡케스틱에 대한 것은 50번만 읽어보라고 했다.

그때 처음 봉이 뭔지 스톡케스틱이 무엇인지 알았으니 나도 참 어지간한 사람이었던 것이다.

하루에 3번 전 종목 차트를 돌려보면서 가르쳐준 데로 5종목을 선별해서 가져가면 이것은 "차트가 바닥을 쳐불었어야!" 항상 그 소리로 60분 차트에서 상승다이버젼스가 나온 종목을 30분 차트로 보면서 또 하는 말 "차트가 바닥을 쳐불었어야!" 거의 매일 "차트가 바닥을 쳐불었어야!" 배운 것이라고는 욕을 얻어먹는 것 이외 이 말만 들었던 것 같다.

차트를 밤을 꼬박 새도록 아무리 분석해도, 같은 말을 듣다 보니 내가 뭔가 잘못하고 있나 싶어서 60분 차트를 하루에 전 종목을 5번씩 돌려보고 잠에 들기도 했다.

60분 차트를 돌리다 보면 그때는 인터넷이 아주 느린 때라서 하루에 1~2시간 잠을 자면 많이 자면서 차트를 돌리고 종목을 선정하고를 반복되면서 그중에 좋은 종목은 사부가 무엇이라고 하던지 투자를 하였다.

아직 분석이 다 끝나지 않았는데 교회가 사무실이다 보니 새벽기도가 열리면 안 나갈 수도 없는 생활도 반복되었고, 나의 몸은 병이 들어가는 것인지 기침을 하면 하루에 가장 큰 쓰레기 봉지로 하나를 가래가 끓어오르는 기침을 하면서 목에서 피까지 나오기에 내가 폐병이 걸린 줄로 착각했었으니 아주 처절한 강행군이었다. 덕분에 수익이 아주 잘 나곤 했다.

   그러던 어느 날 장중에 사부님이 나에게 전화를 했는데 지금부터 어떤 종목을 지켜보고 "상한가가 어떻게 가는지 어떻게 매매가 이루어지는지 지켜보라"고 했다. 보합권에서 시작해서 상한가를 들락날락하면서 상한가 가기 전 치열한 심리전 등 몇 번인가 그런 것을 직접 지켜보면서 거기서 3호가 치기로 심리를 조작하는 것을 알게 되었다.
   그때 '아! 주식은 적정가치와 기술적 분석 외 주가조작도 기법' 이라는 것을 깨달았다.
   주식매매는 약간의 게임이고 투자자 입장에서 보면 법이 허락하는 범위 내에서는 그것이 기법인 것이다. 그것을 본 이후 주식에 대한 나의 인식은 완전히 바뀌게 되었다.

   증권 공부를 많이 했어도 그런 것을 경험해 보지 않았기 때문에 실력이 늘지 않는 사람이 많은지도 모른다. 처음에는 돈이 적으니 초단타로 일관하다가 나중에 원금이 점점 커질수록 약 반달 정도 보유하는 것으로 투자를 하였다. 초기에 약 15일 정도 주식매매를 하면 평균 7~20% 사이를 벌게 되었다. 생각해보면 노력과 실력도 있어야 하지만 시대가 도와주었기 때문이다. 주식투자에 있어서 시대를 잘 만나야 큰돈을 벌 수 있다.

(2009년 3월 13일)

차트가 바닥을 쳐불었어야

　주식투자에서 기술적 분석은 매우 중요하다. 모두가 차트는 후행성이라고 생각하지만 후행성인 부분도 있고, 철저하게 선행성이 부분도 있다.

　호재는 나보다 먼저 정보를 선점하는 세력이 있기 때문에 차트가 만들어지는 것은 소문이 퍼지면서 매수세가 유발되기 때문에 호재와 악재가 먼저 매집의 형태로 나타나게 마련이다. 그리고 세력 매집은 이익을 내기 위해 매집을 하는 것이기 때문에 먼저 차트를 분석하고, 매수 차트에서 종목을 골라 기본적 분석을 철저히 하였다.

　보편적으로 매수 차트라고 하면 일반인의 경우는 정배열 차트를 연상하기 쉬운데 주식투자로 큰돈을 벌 줄 아는 사람이라면 철저히 역배열 차트에서 매수 시점을 찾아야 한다. 그 다음 어쩔 수 없는 방편으로 수평에서 급등락 하는 빨래줄 차트에서 매수시점을 찾고, 그리고 정말 좋은 종목은 정배열 차트에서 매수하는 것이 차트의 개념이다.

내가 사부로부터 항상 듣고 고민해야 했던 "차트가 바닥을 쳐불었어야" 라는 말의 의미를 깨닫게 된 것은 내가 머리를 싸매고 질문을 해도 알 듯 모를 듯 "차트가 바닥을 쳐불었어야" 하는 말을 한 일 년 반 정도 들었을 때이었다.

의문의 증폭 속에 늘 틈만 나면 찾아가서 식사를 대접하고 집 앞까지 모셔다드리고 집 앞 슈퍼에서 음료수를 마시면서 이런저런 이야기를 통해서 차트 기법의 의문을 풀고자 했으나 도무지 답이 나오지 않았는데 그러던 어느 날 내일 몇 시까지 집으로 찾아오라고 하는 것이었다.

다음날 집으로 찾아갔더니 60분 차트에 줄을 쭉 그으면서 이것이 "세력 차트다" 하는 것이었다. 그 순간 저의 모든 의문을 하나도 남김없이 풀어졌다.

지금 생각해 보면 스토케스틱에서 세력 차트가 만들어지는 것은 25이하 바닥을 치지 않고 차트가 붕붕 떠올라 상승 각도로 진행하는 것인데 그런 차트가 만들어지는 것의 대부분은 거래량 바닥 상태에서 나오는 전형적인 모습인 것이다. 다른 말로 바꾸어 말하면 '주식은 거래량이 없을 때 사서 거래량이 많은 때 팔아야 돈을 번다'는 것이다.

그런데 보통 거래량이 많을 때 사서 거래량이 없을 때 손절매하니 손실이 가중되는 것 아니겠습니까

결론은 주식투자에서는 역배열과 동시에 거래량 바닥 종목을 사면 거의 대부분 돈을 번다는 논리가 형성되는 것이다

그것을 깨닫고 나서부터는 매수기법은 거의 완벽하다고 생각했다. 오히려 더 많이 깨닫고 더 많은 경험을 쌓은 지금이 더 어렵다.

왜 역배열이면서 동시에 스톡케스틱 바닥을 쳐버린 종목은 매수하면 안 되느냐 하면 스프링의 원리를 생각하면 간단하다. 스프링은 누를수록 튀어 오르지만 스프링이 깨어지면 다 망가지는 것이기 때문이다.

역배열이면서 바닥을 친 종목을 잘못 매수하면 스프링이 깨진 논리로 정말 큰 폭락을 경험하게 되는 것이다.

(2009년 3월 14일)

기업 분석과 독자생존 기업

나의 주식투자 소신 중에는 "눈에 보이지 않는 것을 믿는다! 눈에 보이는 것만 믿는다" 솔직히 주식투자를 할 때 기업을 분석해보면 그 기업에 성장성에 대해서 내가 다 알 수는 없어서 내가 잘 모르는 분야에 대한 성장성은 눈에 보이지 않는 것을 믿어주는 것이다

그렇지만 나는 기업을 다 방문해 본다. 꼭 기업을 방문해서 누구를 만나려고 하기보다 전국에 있는 계열사까지 갈 수 있는 데까지 방문해서 담벼락을 한 바퀴 돌고 돌아온다.

어떤 기업을 분석하면 그 기업은 산 밑에 있지 앞에는 냇물이 흐르는지 즉 부동산 전망까지 다 알고 시작하고 그 기업을 갔더니 정문은 어떻게 생겼지 직원들 작업복 입고 다니는 수준은 어떤지 그 기업이 무엇을 잘 만드는지는 모르더라도 생각하면 딱 떠오를 수 있어야 투자를 한다.

예전에 폴더폰 즉 애니콜이 한 참 잘 나갈 때 일이다. 일예로 폴더폰 LCD가 만들어지는데 광확산 필름, 도광판 등 등 많은 부품이 들어간다. 그런 폴더폰과 관련된 기업을 매일 3개씩 골라서 주식담당자에게 전화를 해보고, 전문분야 일지라도 내가 이해할 수 있을 때까지 전화를 해본다. 그리고 좀 이해가 안 되면 사정사정해서 연구소와 연락을 해서 전문분야를 물어보는 것이다.

　또한 주식담당자하고 친해지면 기업을 직접 방문하기도 하고 방문을 하거나 전화를 하다 보면 모르는 분야가 있고 모르는 제품이 있기 마련이다. 그러면 다시 그 기업에 대해서 더 알아보느라 그 당시 전화요금이 100만 원이 넘게 나올 때도 있었다. 얼마나 전화통을 붙잡고 있었던지 그렇게 분석을 해보니 애니콜 관련해서 어떤 종목이 상한가를 가면 그다음에 무슨 주식이 움직일지 알게 되었다.

　애니콜의 주요 부품을 분석하다 보니 결국 LCD 분야도 알게 되었고 지금 OLED LCD가 보편화되었지만 나는 애니콜 폴더폰 분석하면서 OLED LCD까지 다 알게 되었다.

　사실 많이 알면 돈이 되기도 하지만 많이 알면 오히

려 병이 될 때도 있다. 삼성전자에 무엇인가 납품하는 기업이 하루는 상한가 갈지는 몰라도 아주 잘 되는 기업은 정말 희소하다. 그냥 먹고 살더라는 것이다.

  용인에 지금은 상장 폐지된 삼성에 납품 업체가 그해 순이익을 120억을 내고, 주가가 12,000원 했는데 이사에게 뇌물을 주었다고 협력업체에서 잘리고 나서 1,200원 뭐 이러다 상장 폐지되는 것을 보고서 그 뒤로는 절대로 하청업체에는 주식투자를 하지 않았다. 별 볼 일 없는 제품을 팔더라도 독자생존 기업에 주식을 투자했다.

(2018년 8월 25일)

돈보다 사랑이 먼저다

　주식투자도 실패하고 직장도 그만두고 실업자가 되었을 때 일이다. 갈 때가 없으니 날마다 언덕배기 은사시나무 밑에서 은사시나무를 바라보는 버릇이 생겼다.
　저녁이나 해 질 무렵에 은사시나무 밑에 앉아 있으면 유난히 나뭇잎이 찰랑거리는 것을 느낄 수가 있었다. 나뭇잎과 햇살이 부딪쳐 은빛을 반짝일 때면 그게 얼마나 아름답던지! 늘 나는 혼자 독백을 했다. '은사시나무는 무엇이 좋아서 저렇게 바람에 흩날릴까? 무엇을 위해 햇살에게 손짓할까?' '눈빛을 맞추는 것이겠지! 서로 손사래를 치는 것일까? 아니야, 저들은 서로 사랑을 하는 것일 거야' 언덕배기에 우두커니 앉아서 그런 생각에 굉장히 많이 잠기곤 했다.

　사람은 돈을 생각하면 굉장히 민감해진다. 주식투자를 해서 얼마를 벌 것인가를 생각해 보면 마음도 몸도 생각도 민감해진다. 그러나 과연 무엇을 사랑하고 있는가를 생각하면 깜짝 놀랄 것이다.

과연 나는 나 자신이 사랑한다고 말할 수 있을까를 생각해 보면 내 삶에서 가장 중요하고도 깊숙한 곳에 자리하고 있는 사랑이라는 논리가 많이 무너져 있다.

은사시나무 이파리가 바람에 흔들리는 것을 보면서 '저것은 바람에 손짓을 하는 것일까? 인사를 하는 것일까?' 별별 생각을 하다가 '아! 바람의 언어로 사랑을 표현하고 있는 것이겠구나!' 하고 생각했을 때가 있었다.

인생을 살면서 돈이라는 것에 날카로워지기보다 사랑에 예민해져서 하루하루 씨를 뿌려 보면 좋겠다.

돈도 소중하고 중요하지만, 그것보다 더 치열한 것은 하루하루 어떤 뜨거운 사랑의 씨를 뿌리고 있는가를 냉정하게 생각하며 주식투자를 항상 되돌아보면 좋겠다. 돈을 벌었는데 모두에게 상처만 남겼다면 그 돈은 인생의 비극인 것이다

(2018년 8월 28일)

화학공장 귀뚜라미

 겨울바람에 파르르 떠는 보리잎같이 주식투자 앞에 나는 늘 서있었다. 다 얼어 죽을 것 같은 추위를 뚫고 일어나 익은 보리의 물결로 나는 노래하였다. 사랑의 맛이 익고, 향기가 익고, 빛깔이 익고, 취하는 것이 익어가는 것인데 그런 것들을 다 돈을 벌기 위해서 두려움과 바꾸어 먹고 산다.
 나는 바람 한 점 같지만 그저 왔다 그저 가는 것이 아니고, 꽃잎 흔드는 바람인데 나는 꽃잎이어서 그저 피었다 그저 지는 꽃잎이 아니고 빛깔에 향기를 묻히고 흔드는 꽃잎인데 주식투자 앞에 설 때마다 앞만 보고 뛰어서 지나간 인생이 통곡할 때가 있다
 대부분을 희생시키고 사랑하며 소중했을 시간들을 돈과 엿 바꾸듯이 바꾸어 먹고 살아왔다. 얼어붙은 땅에서 각질을 뚫고 오른 새싹처럼 파르르 떨면서 세상 앞에 서 있다.

주식투자로 깡통을 차고 청춘을 다 날려버리고 빌붙어서 사는 것 이외 다른 선택이 없을 때 화학공장에서 밤마다 온도를 보고 있을 때 귀뚜라미는 지천으로 우는 것인지 내 울음을 귀뚜라미가 우는 것인지 슬픔을 짜는 것인지 밤새 내 울음이 되어 주었다.

새벽 아침이면 이슬은 어찌 그토록 지천 가득 영롱하게 피어나는지 깡통을 차고 혈혈단신으로 버려두고 올라온 아이들의 얼굴이 무지개로 피어있었다.

주식투자로 끝없이 복을 누리기도 했지만 복이 몰려올 때는 화를 준비하며 누리는 것이란 것을 깨닫는 데는 그렇게 많은 세월이 필요하지 않는 것이 인생이다.

그러나 끝까지 용사로 살아야 한다. 용기가 무너지고 나면 아무것도 아닌 것이 인생이기 때문이다.

(2018년 8월 30일)

역배열 차트에서 매수

　내가 생각하는 최고의 매수 시점은 역배열에서 매물 공백 차트에서 매수다. 초저평가 가치주의 매물 공백 차트를 가장 선호한다.

　주식투자는 주식은 싸게 사서 비싸게 파는 것이기 때문에 역배열 차트를 잘 알면 정배열 차트는 쉽게 알게 되는 것이다. 역배열 차트를 뒤집어서 보면 정배열 차트와 거의 동일한 것 아니겠는가? 매물 공백 차트란 주가가 하락해서 최저점에 도달하면 투자 주체들이 극단적으로 심리가 양분되는데 낙폭과대에 따른 저가 매수세와 극대화된 공포 심리로 손절하는 매도세로 양분된다.

　최저점 매매 공방이 진행된 이후 매수세와 매도세의 공백이 발생하여 거래량이 작아진다. 그때를 매물 공백 차트라고 한다.

　주식투자로 큰돈을 벌었다는 사람 이야기를 들어보면

거래량이 없는 종목을 매수해서 보유했다는 이야기를 많이 들었다.

나 또한 가만 생각해보면 매매했던 종목의 경우 거래량이 마를 때 매수해서 주가가 상승해서 큰 거래량이 생성될 때 팔아서 수익을 올렸다.

하지만 반대로 생각해보면 역배열 저점에서 매집이 이루어질 때 투매에 의해서 거래량이 크게 늘 때도 많다. 어떻든 매수 시점을 찾기는 것은 보조지표가 상승 각도로 되돌리는 시점이다.

보조지표 과매도 구간에서 매수, 과매수 구간에서 매도 뭐 이런 식으로 본다면 멍청이가 보는 차트에 불과하고, 과매도 구간에서 급락을 대비하고, 과매수 구간에서 급등을 보는 눈이 있어야 역배열 저점 매수 관점이 완성되는 것이다

60분 차트에서 단기 차트의 곡선이 찌글찌글 정상적인 이루어지지 않는 종목은 매수를 지향해야 하는 것은 거래량이 너무 없어서 차트가 왜곡되기 때문이다

매수할 때 늘 가슴에 담고 되새기는 말이 있는데 "본전이 대박이다" 본전 이상의 욕심으로 매수하지 않는다. 주가는 상승과 하락을 반복하기 때문에 본전 할 자신감으로 투자하는 것이다.

(2018년 9월 5일)

주식투자도 예술의 일종

나는 살면서 인간의 한계를 가장 많이 느꼈던 것이 시를 쓸 때였다. 참 부지런히 시를 썼는데 타고난 뇌의 구조상 나하고는 철저하게 맞지 않는 분야였다.

나는 수학적인 머리가 타고난 것 같은데 반면 암기하는 머리는 도대체가 안 되기 때문에 언어의 다양성이 확보되지 않은 상태에서 수학 응용하듯이 시를 쓰는 것에는 한계가 있었다.

그러나 나의 아주 부족한 부분들은 시를 오래도록 쓰면서 점점 더 발전하였다. 실전 투자에 뛰어난 고수를 만나보면 왜 그렇게 하나같이 투자 성향이 다르고 자신의 투자 기법만을 고집하는지 모른다.

큰 전쟁에서 승리하기 위해서는 작은 전쟁에서부터 차근차근 이기는 습관을 길러야 한다. 점점 더 크게 이기는 습관을 만들어가는 과정에서 자신의 장점은 살리고 부족한 것은 채우는 노력이 이기는 습관과 어우러질 때 생긴 독특한 매매기법이 남들이 볼 때 이해하기 힘든 고집처럼 보이는 것이다.

주식투자로 이기는 습관을 길러가다 보면 나를 가르쳤던 사부와 전혀 엉뚱한 방식 엉뚱한 기법으로 개발되어 가는 것에 나 자신이 놀랍다.

주식투자도 예술이어서 모방을 통해서 결국 자기만의 방식을 창작하기 때문에 승부의 세계에서 이기는 습관을 창작하기 위해서는 나 자신의 장점을 더 발전시키기 위해 나의 단점을 보충하는 것이 무엇보다 중요하다.

시를 잘 쓰기 위해서는 첨삭지도를 받아야 했고 스승을 잘 만나야 하는 것은 필수다. 습작 시를 써서 가져가면 냉정하게 쭉쭉 줄을 그어 삭제하고 필요한 언어들을 첨가하는 냉정한 비평을 듣고 보면 참 부끄럽기도 하려니와 내가 정말 잘 썼다고 생각했던 시가 누더기가 되어서 남아있는 것에 대한 자존심의 손상이 이루 말할 수 없었다. 그렇지만 첨삭지도를 꾸준히 받다 보면 자신도 깜짝 놀랄 만큼 창작 능력이 빠르게 발전하는 것을 알게 된다.

주식투자를 통하여서 모두가 고수가 되고 돈은 벌고 싶은 욕망이 가득한데 시를 쓰는 것처럼 첨삭지도를 받으려고 하는 사람은 만나보지 못했다. 대부분 수익의 결과만을 먹기 위해서 몸부림을 치다 큰 좌절을 경험한다.

주식이라는 예술

주식투자는 참 어려운 예술
더러는 도박 같은 투자
더러는 투자 같은 도박
더러는 게임 같은 예술

시를 읽으면 그림이 그려지듯이
차트를 보면 미래의 주가가 그려져야 하는
주식투자는 예술이다

예술가가 투자를 하면
예술적 지혜로 잘 할 수 있지만
감정의 진폭이 심해서
불안감에 무너질 수 있다

주식투자는
감정을 다스리는 예술
삶을 다스리는 예술이다

(2009년 5월 3일)

제4부
주식기법 탐구

을매적정주가론

SK가스-을매적정주가론

A	B	C	D
주식의 종류	주가	주식수	시가총액
일반주	70,150	8,628,665	605,300,849,750
우선주			0
계	70,150	8,628,665	605,300,849,750
	전환추정가격	증가물량	발행 금액
전환사채			
신주인수권부사채			
계		0	0
실질물량총계		8,628,665	605,300,849,750
결산	미래추정치	을매지수	실질성장지수
매출액	6,000,000,000,000	9.18	0.50
순이익	100,000,000,000	을매지수율	업종평균 순이익율
1회성손익		11.02	2.00
순이익(특별제외)	100,000,000,000	자본총계	주당순자본
(순이익/매출액)%	1.67	730,956,499,941	84,713

을매적정주가론

A	B	C	D
주식의 종류	주가	주식수	시가총액
일반주			0
우선주			0
계	0	0	0
	전환추정가격	증가물량	발행 금액
전환사채		D8/B8	
신주인수권부사채		D9/B9	
계		C8+C9	0
실질물량총계		C6+C10	0
결산	미래추정치	을매지수	실질성장지수
매출액		(B4-D17/5)*(C11/((B16/4)*4))/D13	
순이익		을매지수율	업종평균 순이익율
1회성손익		C13/(B17/D15)	
순이익(특별제외)	0	자본총계	주당순자본
(순이익/매출액)%	(B16/B13)*100		C17/C6

6파론의 차트 기법

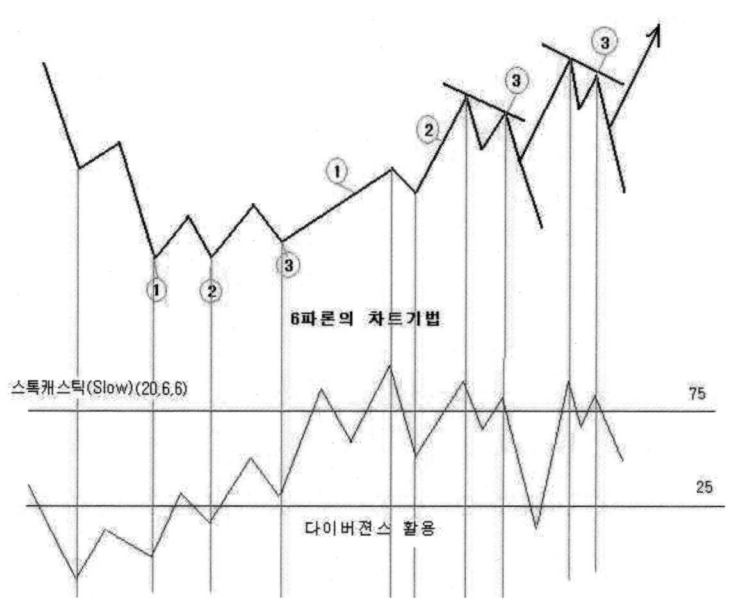

다이버젼스는 "어긋나다"는 것인데 그런 개념으로만 볼 것이 아니고 주식투자는 어긋나서 시작해서 어긋나지 않는 것도 어긋나는 것의 연속선상에 있기 때문에 다이버젼스 논리로 설명한다.

1형의 상승 다이버젼스

봉차트가 급하게 하락하고 스톡게스틱이 25 이하로

바닥을 칠 때가 첫 번째 매수 시점이지만 보통 실력의 개인투자자가 여기서 매수를 시작하는 것은 대단히 위험한 일이다. 또 다른 급락을 맞을 수 있는 자리이고 어떤 악재의 급락의 초기일 수도 있고 대세 하락의 초기 과정에서 나타나는 하락일 수 있기 때문에 저점 매수하다가 큰 손실을 맛볼 수 있는 자리다.

만약 자신이 세력이고 매집을 위한다면 진짜 세력은 여기서부터 매수해서 더 큰 하락을 유도하고 더 낮은 가격에 더 많은 물량을 매집하기 위해 준비하는 과정으로 활용한다고 생각하면 될 것이다

2형의 상승 다이버젼스

1형 이후 봉차트가 쌍바닥을 형성할 때 스톡케스틱이 25 이상에서 되돌릴 때부터 본격적으로 매수할 시점이다.

여기서의 변화는 매수 시점을 잘 잡아서 매수를 했을지라도 전저점을 깨고 내려갈 때가 있다.

대부분의 경우는 세력이 손절 물량을 받기 위해서 의도적으로 전 저점 밑으로 하락을 시키고 매집이 후 주가 상승하는 경우도 많다는 것을 유념해야 한다.

저점을 깨고 내려갈 경우는 파동은 1형부터 다시 시작한다는 점을 알아야 하고 쌍바닥에서 전저점을 깨고 내려간 차트에서 다시 2단 하락을 시작하여 큰 급락이

나올 수도 있는 위치다.

3형의 상승 다이버젼스

2형 이후 봉차트와 스톡케스틱이 가파른 상승 각도로 되돌리는 시점으로 보통 개인투자가가 가장 안심하고 매수에 가담할 수 있는 위치다. 모든 저점을 확인하고 상승의 초기 패턴으로 진입하는 신호라고 보면 될 것 같다

1형의 하락 다이버젼스

봉차트가 완만한 상승 각도로 진입하고 스톡케스틱이 75 이상으로 진입하게 된다. 매집세력이 최저점에서 물량을 확보하고 더 이상 저점에서 매집하기 어려울 때 주가를 상승시키면서 매수하는 위치로 그렇기 때문에 완만하게 봉차트가 상승하면서 하락 다이젼스 중에 가장 긴 기간을 형성하면서 개인투자가의 경우 지겨워서 대부분이 못 견디고 파는 구간이다. 특히나 큰 급등이 있기 전 눌림목 하락이 나오는데 이때에는 대부분이 매도를 하게 되어 세력의 막바지 매집 완성이라고 보면 된다.

2형의 하락 다이버젼스

봉차트의 상승 각도가 급격하게 진행되고 스톡케스틱

이 1형 이후 눌렸다가 다시 75 이상으로 진입한다.

이때는 주가가 급격하게 상승하기 때문에 보통 실력의 개인투자가는 수익률에 만족하고 매도하는 경향이 있는데 진짜로 큰 수익을 얻기 위해서는 차트의 최고점을 확인하는 끈질긴 인내가 필요한 시점이다.

왜 급등에도 여유를 갖고 대응하여야 하는가 하면 최고점 이후 눌린다고 할지라도 대부분 전고점을 돌파하지는 못하는 쌍봉의 상승이 다시 나오기 때문에 좀 적게 먹고 팔려는 마음과 3형에서 전고점 아래에서 팔겠다는 마음만 있다면 인내를 통해서 정말 큰 수익을 얻을 수 있는 구간이다.

3형의 하락 다이버젼스

2형 이후 봉차트가 급격하게 하락한 이후 다시 반등해서 전점을 돌파하지 못하고 스톡케스틱도 하락하여 다시 되돌리는 시점이지만 매수 강도가 크지 않은 시점이다.

최고점에서 물량을 다 정리하지 못한 매집 세력이 마지막 물량 정리를 위해서 반등시키는 시점으로 전량 이익 실현하는 시점이다.

대부분 3형 이후 급락이 나오는데 대세 상승의 과정에서는 속임수로 다시 2형과 3형의 하락 다이버젼스가 반복되면서 급등하는 경우가 있기 때문에 기술적 분석의 투자가는 전량 이익 실현하는 것이 좋고 장기투자가로서는 아직 저평가 가치가 충분하다면 그냥 홀딩하고 장기 투자해서 큰 수익을 기대하면 된다.

4구간 기법

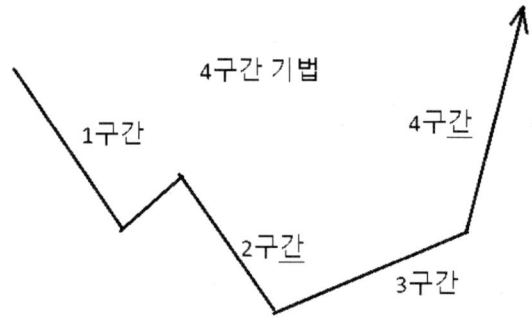

 2004년 한신공영 대표이사 횡령 사건이 터졌을 때 주식이 급락하였고 2단 하락을 기다렸는데 1단 하락하고 매집 차트를 형성하였고 기업이 우량할 경우 악재에서 매집하는 세력이 더 크고 매집세력 역시 2단 하락시킬 경우 물량만 빼앗기는 우를 범할 수 있기 때문에 2단 하락을 유도하지 못하는 것을 발견하고 5,960원에 매수를 하여 1개월을 보유하여 7,460원에 매도를 하여 22% 수익을 올리기는 하였으나 한 달 동안 주식이 어찌나 지루하게 움직이던지 참다 참다 못해서 매도하였었다.
 한신공영을 매도한 이후 약 2달이 지나서부터 급등을 시작하여 몇 배로 급등하는 것을 보게 되었습니다.

그때부터 왜 그럴까? 주식투자에 있어서 내가 모르는 어떤 기술적 분석이 존재하기에 저렇게 급등을 할 수 있을까? 하는 온갖 고민을 하면서 한신공영의 차트를 그려보고 그와 비슷한 차트들을 연구해본 결과 주식의 시세는 떨어질 때 2단 하락 즉 2구간 하락과 저점을 높이기는 하여도 속임수 패턴의 매집 1구간과 본격적으로 급등하는 1구간 이런 식으로 한 개의 큰 시세의 논리는 4개의 구간으로 이루어져 있는 것을 발견하게 되었다.

어찌 보면 간단하지만 장기 차트의 변화에 적응해야 하기 때문에 매우 어렵고 힘든 인내심을 발휘해야 한다. 주식투자에서 가장 어려운 것인 인내 아닐까?

그 이후부터는 주식 투자하면서 어떤 수익률이 발생하기 시작하면 6파론의 차트 기법으로 만족할 것인가? 4구간 기법으로 장기 투자할 것인가? 에 대한 고민이 추가되었다.

6파론의 차트 기법에 만족해야 할 때는 매도해야 한다. 왜냐하면 3형의 하락 다이버젼스 이후 급락이 나오는 경우 큰 손실에 직면할 때가 많기 때문이다.

4구간 기법으로 만족하는 경우는 대부분 장기투자를 할 경우이기 때문에 기술적 분석 이외 기본적 분석에서 성장서에 대한 가치가 초저평가 상태가 확실해야 가능한 영역이다.

4구간 기법을 적용할 때 가장 유의해야 할 것은 매집

세력의 경우 철저하게 물량을 매집해야 하기 때문에 주가를 크게 급등락시키는데 3구간 안에서 많은 급등락이 반복되는 특성이 있다

4구간에서 잠시 눌렸다 급등하고를 반복하면서 큰 시세가 나오기 때문에 어디가 고점인지 알 수가 없고 그냥 운명이다. 생각해야 할 구간이다

"4구간 기법" 실전 투자
-동화홀딩스 4구간 급등

최초 주식을 매수한 날이 2006년 4월 12일 평균 매수단가 5,100원이었다. 약 1년이 지난 후 2007년 4월 27일 13,200원을 고점으로 하락하던 중에 자사주 매도 공시가 나왔다

총 주식 수 약 2천 만주 중에 자사주가 522만 주였으니 전량 매도한다는데 공포가 따로 없었다. 자사주 한 호가에 3만 주씩 매도를 대놓고 매일 20만 주 자사주 매도 신청이 나오면서 5월 14일 주가는 9,910원까지 하락 마감하였다

다음 날부터 반등을 하였으나 매일 자사주 매도 신청을 20만 주씩 하였다

처음 자사주 매도가 나올 때는 매수가 없었는데 며칠 계속되니 자사주 매도를 대면 물량을 다 쓸어 담는 매

수세가 발생하기 시작하였다.

자사주 매물이 소화되면서 주가가 상승하기 시작하였고, 자사주 매도로 약 100만 주가 시장에 소화되었을 때쯤부터 자사주 매도를 철회하였다. 그러면서 지속적으로 조정하고 급등하고 조정하고 급등하고를 반복하였다. 6월 27일 평균단가 21,000원에 전량 매도하였는데 그리고 약 2달 후에 43,500원 고점을 찍었다.

4구간 기법의 급등이 나오면 중간중간 악재와 같은 공시나 뉴스가 나온다. 자사주 대량 매도, 대주주 매도, 할인율 적용 블록딜 등 급등 구간에 진입하면 악재에 하락할 것 같지만 동화홀딩스 실전 투자에서 보았듯이 악재로 주가가 눌렸다가 오히려 급등을 유발하면서 지속적으로 급등하는 경향이 있다.

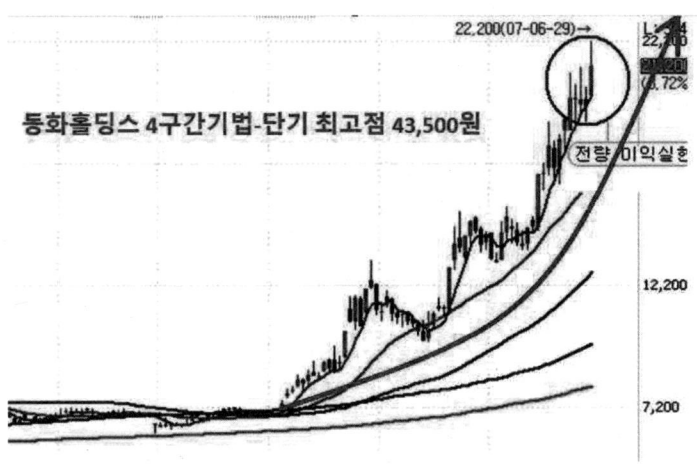

4구간 급등 구간에 진입하면 악재를 악재로 인식하면 진짜 큰 급등을 놓치게 된다. 4구간에서는 악재를 너무 크게 인식하지 않아야 한다. 그리고 악재가 출현하면 기관은 매도하는 경향이 있고, 세력은 그 물량까지 매수해서 매집을 완성한다.

급등 과정은 명분과 기세 싸움

주가가 급등해서 갈 때는 차트 보다 기업 내용 분석에 집중해야 한다. 전쟁은 명분과 기세 싸움이라서 어떤 상황에서도 용기를 잃으면 다 잃은 것이고 용기를 내려면 그에 합당한 전쟁을 하는 명분이 있어야 한다.

동화홀딩스를 주가를 끌어올렸던 일본계 투자자문이 그로 인해서 큰 손실이 발생해서 나중에 롯데로 인수되었다.

주식투자에 있어서 내 개인적인 심리는 용기가 있어야 하고 주가가 급등하려면 축적된 명분이 있어야 한다.

60/120/240 이평선 기법

봉차트가 60일 선을 회복한 상태에서 60일 120일 240일 이동평균선이 역배열 상태에서 횡보하는데 20일선이

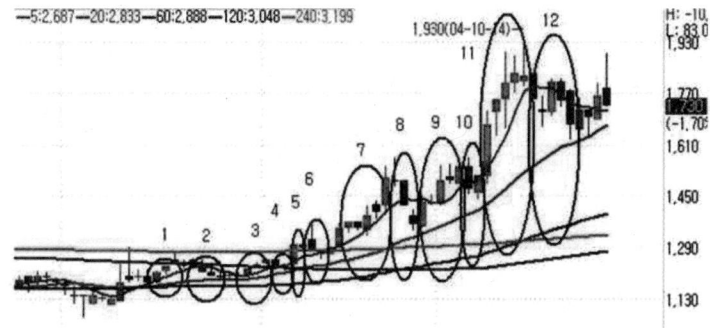

상향할 경우는 매집하는 차트다.

　이런 경우 전점과 고점이 지속적으로 높아지면서 대세 상승이 양음양 패턴으로 진행될 경우가 많다. 하지만 너무나 장기 이동평균선이어서 양봉과 음봉의 시점을 정확히 읽어 내기가 어려운 만큼 분차트 기법을 동시에 활용하면 적절한 매수매도 대응으로 고수익을 창출할 수 있다.

　60/120/240선 이동평균선이 정배열되는 과정에서 상승을 하다가 이동평균선이 골든크로스가 나는데 그 전후에서 음봉을 반복한다는 이론으로 이평선 기법으로 주가를 정확하게 예측하기는 어렵지만 분석에 많은 도움이 된다.

　이동평균선에 대해서는 5일선 어쩌고 10일선이 어쩌고 하는 이야기를 많이 듣게 된다. 기준 차트를 60분으로 보고 일간 차트에서 60선 120선 240선에서 봉차트가 어떻게 양음양 패턴을 형성하는지를 알면 예측이 쉬워진다.

 일간 차트나 주간 차트에서 적용하기에는 변화가 너무 많고 너무 오랜 시간이 걸리기 때문에 정확하게 그 논리와 맞는다 해도 내가 적용하기에는 인내심의 한계가 있다

 내가 기준 차트로 보는 60분 차트에 적용하면 단기 차트에서 더 빠르고 정확하게 적용이 가능하다.

 60선 120선 240선 논리는 간단하다. 대세 상승으로 가는 종목은 3개의 이동평균선 골든크로스를 전후해서 봉차트가 상승의 각도와 하락의 각도가 반복하면서 진행한다는 것인데 한마디로 표현하면 골든크로스 전후해서 봉차트의 하락 각도가 나오더라도 그것은 더 큰 상승 각도가 반복되기 위한 눌림목이라는 논리다.

손자병법의 풍림화산風林火山

風: 빠르기가 바람과 같고
林: 고요하기가 숲과 같다.
火: 치고 앗을 때는 불같이 하고
山: 조금도 움직이지 않을 때는 산처럼 한다.
陰: 숨을 때는 어둠 속에 잠긴 듯하다가도
雷: 움직일 때는 벼락 치듯 적에게 손쓸 기회를 주지 않아야 한다.

손자병법에 나오는 "풍림화산" 전법이다. '풍림화산' 전법을 잘 운용했던 사람은 일본의 춘추전국시대에 다케다 신겐이 있었다. 그는 늘 주군으로서 부하들 후미에 어느새 山처럼 버티고 있으면서 전쟁을 독려했기 때문에 부하들이 믿음직한 주군을 등지고 죽기 살기로 싸워 이기고 또 이겼던 것이다.

다케다 신겐이 갑자기 죽고 그 아들이 山의 역할을

할 때 오다 노부나가 군대에 전멸당하고 말았다. 주식투자는 어떤 의미에서 山을 믿고 투자할 믿음에 대한 투자다.

실패는 빠르기가 바람 같아야 할 때 반대로 숲과 같이 고요하고, 불과 같아야 할 때 산처럼 움직이지 않고, 고요하기가 숲과 같아야 할 때 불안해하는, 이런 반대 개념의 행동에서 유발된다

주식투자를 하기 위해서는 매수, 보유, 매도 3가지의 과정에서 필연적인 결단을 요구한다. 나는 주식을 매매할 때는 번개같이 빠르게 하였고 인내할 때는 어둠같이 숨었다.

"풍림화산"의 전법을 나의 매매기법과 연결시켜 되새겨 보자.

1) 매수

빠르기가 바람 같이

매수를 결단하고 매수를 넣으면 호가를 건들지 않으려고 최대한 노력을 하지만 계속해서 매수를 하게 되면 차트가 좋아지면서 누군가는 세력을 느끼고 위에 매도 물량을 매수해 가는 경향이 있다.

이럴 때는 며칠간 전혀 매수하지 않고 방치해 두었다가 다시 매수를 하게 되면 매수세에 대해서 세력을 느

겼던 보유자가 아니라는 생각을 갖고 매도를 하기 때문에 매수하려는 단일 호가에 대량 매수를 넣어 물량을 충분히 확보할 수 있을 때가 많았다.

주가의 단기 상승으로 매수하고자 계획했던 물량이 확보되지 않을 경우 전량 매도하고 종목의 매수를 포기한다.

정상적인 거래에서는 물량 확보가 어려운 종목일수록 나중에 큰 수익이 나는 경우가 많지만 근본적으로 거래량이 없는 종목은 나중에 매도할 때 큰 고생을 감수해야 하기 때문에 양면성이 있어 신중해야 한다.

역배열 차트가 되면 그동안 하락에 지친 매물이 있게 마련이다. 역배열 최저점에서 기존 주식 보유자는 심리적으로 가장 공포심을 느끼기 때문에 천천히 계속해서 매수를 넣을 경우 저점이 지켜지는 것에 대한 안도감으로 매물이 나오지 않게 된다. 그래서 단기간에 큰 물량을 확보하기 위해 매수를 넣을 때 갑자기 대량 매수를 넣어 버린다.

대량 매수 주문을 갑자기 넣게 되면 허매수인 줄 착각하고 심리적으로 공포심을 느끼는 보유자가 매도를 하다 보면 같은 두려움에 빠져있었던 보유자들이 투매처럼 매도에 동참함으로 인해 쉽게 매수 물량을 확보하게 된다.

가치분석에 불확실성이 있는 종목에서 매수 물량이

너무 쉽게 확보될 경우 악재가 있는지, 분석이 잘못되었는지 철저히 되짚어 보고 아니다 싶으면 반대로 매도를 결단해야 한다.

오히려 주식을 매수하는 입장에서 보면 주식 물량확보가 어느 정도 어려운 종목일수록 큰 수익이 나는 경우가 다반사다.

이삭줍기

확보할 물량이 많고 투자 금액이 클 경우 **빠르게 물량을 확보할 경우** 매수세가 쉽게 노출되어서 큰 물량을 확보하는데 실패할 수가 있다.

처음 매수접근부터 이삭을 줍듯이 천천히 소량으로 꾸준히 매수한다고 해서 이삭줍기라고 한다.

이삭줍기에서 중요한 것은 작은 물량을 오래도록 줍다 보니 자신도 모르게 세력 매집 차트를 만들고 있어서 물량을 확보하지 않은 상태에서 주가가 급상승할 경우 물량확보에 낭패를 볼 수가 있다.

누군가 매수할 경우 물량을 다 매도한다는 각오로 주가가 일정 부분 상승할 경우 매도를 병행하면서 이삭을 줍기를 통해서 물량을 확보해 나가는 것도 필요하다.

이삭줍기 매수는 고양이 발톱을 숨기기 위한 매매기법일 뿐 바람같이 **빠르면서** 호가를 상승시키지 않고 대량으로 매수할 수 있다면 그것이 최선이다.

인내 - 산처럼

나는 어느 종목이든지 그 종목의 세력은 대주주라고 가정을 한다. 초우량한 종목의 경우 세력은 긴 세월을 개입하고 긴 세월 동안 주식을 자신들의 의도대로 주무르고 있었을 것이다.

누군가 나를 빤히 읽고 있으면서 내 물량을 빤히 알고 있다고 생각한다.

내가 물량을 확보한 이후에도 자꾸만 매매에 참여하게 되면 세력은 물량을 빤히 읽고 주가를 올리지 않는다.

매수가 나비처럼 날아서 벌처럼 쏘았다면 그 이후부터는 고양이 발톱을 숨겨야 하는 것이다. 매매 주체가 내가 매집한 물량을 잊어먹을 때까지, 물량을 헤아리는 것이 헷갈릴 때까지, 조금도 움직이지 않고, 주가에 연연하지 않고 산처럼 버티는 것이다.

종목을 투자할 때 인내의 구간이 가장 어려운 구간이다. 내가 인내할 때가 반대로 생각하면 세력은 매집할 구간이다. 나보다 더 많은 돈을 지니고 있으면서 나보다 더 오랜 세월 매매에 참여해서 물량을 헤아리고 있는 세력과의 전쟁에서 인내는 쉬운 일이 아니다.

차트의 과정을 인내의 관점에서 한마디로 표현한다면 환란 가운데서 몸부림치는 기도라고 할 수 있다. 세력이 매집하는 과정에서는 반대로 내가 두렵고 떨리는 심리 속에서 참아야 하는 것이라서 "인내를 산처럼 한다." 는 것은 쉽지 않은 여정이다

매도 - 불같이 맹렬하게

매도 시점은 맹렬하게 나타났다 사그라지는 불과 같은 것이라서 타이밍의 승부라고 할 수 있다.

매매주체 대부분이 급등 심리에 빠져있을 때가 최고의 매도 타이밍이다.

반대로 매매주체 대부분이 급락 심리에 빠져있을 때가 최고의 매수 타이밍이 될 수 있을까요?

급락의 관점에서는 매수는 특별하지 않는 한 매수하는 것이 아니다.

횡보하는 과정에서 바닥이 확인된 차트에서 매수하는 것이다. 대량 매도를 위해서는 급등 심리에 빠져있는 이 타이밍을 놓치면 방법이 없는 것이다. 한 번의 타이밍을 놓치면 적어도 6개월 이상 허송세월을 보낼 각오를 하고 주식투자에 임해야 한다.

종목에 있어서 급등 파동이 다시 오는 것은 쉽지 않기 때문에 매도할 때는 불과 같이 맹렬하게 해야 하는 것이다.

이삭줍기

보유물량이 많고 투자금액이 클 경우 욕심을 다 채우는 수익률에서 매도하는 것은 욕심이다.

일정부분 수익률에 도달하면 주식이 상승하고 매수세가 살아 있을 때마다 매도세가 노출되지 않도록 이삭을 줍듯이 천천히 소량으로 꾸준히 매도한다고 해서 이삭줍기라고 한다.

이삭줍기에서 중요한 것은 작은 물량을 오래도록 줍듯이 매도하다 보니 자신도 모르게 매도차트를 만들고 있어서 물량을 충분히 매도하지 않은 상태에서 주가가 급락할 수 있다.

수익률의 최고점을 보다 보면 1차 고점에서 매도하지 못하는 것은 누구나 있을 수 있는 일이지만 쌍봉에서는 대규모로 물량을 축소하고 그래도 매도하지 못한 물량은 미련 없이 반드시 매도하는 전략이다.

이삭 줍듯이 매도하여도 가랑비에 옷 젖는 것처럼 언제든 급락을 유발할 수 있다는 점을 생각해야 한다.

이삭줍기 매도는 고양이 발톱을 숨기기 위한 매매기법일 뿐 맹렬하게 대량으로 매도할 수 있다면 그것이 최선이라고 생각한다.

(2009년 11월 21일)

■ 맺는 말

"야곱아 너를 창조하신 여호와께서 지금 말씀하시느니라 이스라엘아 너를 지으신 이가 말씀하시느니라 너는 두려워하지 말라 내가 너를 구속하였고 내가 너를 지명하여 불렀나니 너는 내 것이라 네가 물 가운데로 지날 때에 내가 너와 함께 할 것이라 강을 건널 때에 물이 너를 침몰하지 못할 것이며 네가 불 가운데로 지날 때에 타지도 아니할 것이요 불꽃이 너를 사르지도 못하리니" (이사야 43:1-2)

두려울 때는 기도해도 응답이 없어 외로워하다가 겨우 막걸리로 안정을 찾았는데 나를 언제 구속하였고 나를 지명하여 불렀단 말인가? 불 가운데 지날 때 내 가슴이 다 타서 새 껌둥이가 될 때 언제 나를 위로해 주었단 말인가?

"야곱아!"로 시작하는 것은 야곱이 형 에서에게 팥죽 한 그릇으로 장자권을 빼앗고 삼촌 라반이 사는 하란으로 도망갈 때 에서가 죽이려고 추격할 때, 요단강 앞에 서 꼼짝없이 죽게 생겼을 때, 지팡이를 내미니 요단강이 갈라져서 살아났다.

먹을 것은 없고 몸이 지칠 대로 지쳤을 때 요단강 건

너편에 온천이 있어서 몸을 담그는데, 에서가 포위했을 때 하나님이 따로 문을 만들고 열어서 도망갈 수 있었다.

"강을 건널 때에 물이 너를 침몰하지 못할 것이며 네가 불 가운데로 지날 때도 타지 아니할 것이요" 라고 야곱아 노래해요. 외경: 하다가 1권 6장 내용 중)

지금에 이르러 생각해보니 내 삶이나 성격은 살아온 것이 마치 야곱 같았다. 또 동일한 것은 야곱처럼 하나님의 사랑을 받았다는 것이다.

내가 두려워할 때 하나님을 찾아도 만날 수 없었지만, 무엇에도 두려워하지 않는 마음을 주심으로 강건해졌다. 지나온 길을 돌아보니 물이 나를 침몰하지 못하였고, 불이 나를 태우지도 사르지도 못한 인생을 살아왔다.

주식을 하건 무엇을 하건 인생을 살아갈 때 항상 하나님이 나와 함께 하심을 잊지 말자고 다시 생각하게 된다.

정상조_ 시인, 주식전문가

1999년 《예술광주》,《문예연구》 시부문 신인문학상, 시집 『어치가는 길』,『아득한 손』,『수묵화로 사는 나무처럼』.『부러진 나무의 눈빛들』, 증권저서『4구간 기법』, 경제방송 토마토TV, 팍스넷TV 고정 출연, 유튜브 [응답책방] 고정 출연, [미래경제뉴스] 시 연재,
유튜브방송 https://www.youtube.com/@을매 운영
밴드 https://www.band.us/band/98665971 운영
이메일 wingjusj@naver.com

주식투자와 신앙 이야기
주식쟁이 아가서

지은이 / 정상조
펴낸이 / 김윤환
펴낸곳 / 열린출판사
1판 1쇄 펴낸 날 ¦ 2025년 8월 10일
등록번호 / 제2-1802호
등록일자 / 1994년 8월 3일
주소 / 경기도 시흥시 하중로 203(3층)
전화 / 031-318-3330
팩스 / 050-4417-3892
이메일 / pomreview@daum.net
출판공급 / 열린출판디자인 02-2275-3892
2025ⓒ정상조

* 이 책 출판비 일부는 저자의 시와 경제 지혜를 팔로워하는 독자들의 참여로 출판이 진행되었고 출판수익금은 아동복지시설에 후원합니다.
* 저자와의 협의에 의해 인지는 생략합니다.
* 이 책은 전부 또는 일부 내용을 재사용하려면 저자와 출판사의 동의를 받아야 합니다.
* 이 도서의 국립도서관 출판도서목록은 서지정보유통서비스시스템 홈페이지와 국가자료 공동목록시스템에서 이용하실 수 있습니다.

ISBN 978-89-87548-64-7 (03320)
값 15,000원